高等职业教育商务类专业精品课程系列规划教材辅导用书

市场营销职业能力训练

主编 杨晓敏 王 倩

苏州大学出版社
Soochow University Press

图书在版编目(CIP)数据

市场营销职业能力训练 / 杨晓敏，王倩主编. 苏州 ：苏州大学出版社，2025. 4(2025.7 重印). -- ISBN 978-7-5672-5192-2

Ⅰ. F713.3

中国国家版本馆 CIP 数据核字第 2025QB6756 号

书　　名： 市场营销职业能力训练

主　　编： 杨晓敏　王　倩
责任编辑： 施小占

出版发行： 苏州大学出版社（Soochow University Press）
社　　址： 苏州市十梓街 1 号　**邮编：** 215006
网　　址： www. sudapress. com
邮　　箱： sdcbs@ suda. edu. cn
印　　装： 镇江文苑制版印刷有限责任公司
邮购热线： 0512-67480030　**销售热线：** 0512-67481020
网店地址： https://szdxcbs. tmall. com/(天猫旗舰店)

开　　本： 787 mm ×1 092 mm　1/16　**印张：** 8　**字数：** 171 千
版　　次： 2025 年 4 月第 1 版
印　　次： 2025 年 7 月第 2 次印刷
书　　号： ISBN 978-7-5672-5192-2
定　　价： 32. 00 元

凡购本社图书发现印装错误，请与本社联系调换。服务热线：0512-67481020

PREFACE 前言

本书作为高等职业教育市场营销专业精品课程系列教材《市场营销》的配套辅导用书，旨在通过对学生市场营销专业能力的训练，全面提升学生的思维能力、专业能力和社会能力。

本书在编写过程中坚持“以就业为导向、以能力为本位”的职业教育目标，以学生为主体，注重学生创新创业精神和实践能力的培养。本书与教材同步，分为十个单元，每个单元又分两节，分别为“本单元知识概要”和“本单元同步训练”。其中，“本单元知识概要”是为了指导学生自主复习，全面把握单元知识结构；“本单元同步训练”则是为了帮助学生夯实市场营销专业基础知识，提升学生的营销素养和对专业知识的运用能力。

本教材的构思与编写由江苏联合职业技术学院徐州经贸分院杨晓敏教授和王倩教授，会同徐州金鹰国际购物中心、徐州鸿越营销策划有限公司、徐州梦动营销策划有限公司等多家企业的专业人士共同合作完成。江苏省职业教育“杨晓敏营销工作室”的全体成员通力合作完成了本书中案例的整理工作。

本书主要适用于高等职业教育财经类专业和商务类专业，还可以作为会计从业人员的学习培训辅导用书。由于编者水平有限，不足之处在所难免，恳请各位同行和读者批评指正。

编　者

目录 Contents

第一单元　认识市场　感知营销

第一节　本单元知识概要

一、本单元主要内容及学习要求

本单元主要介绍市场营销的基本观念及其重要性，系统阐述市场营销的产生与发展及各种营销观念的演变过程，从而使学生认识市场，感知什么是市场营销。

通过本单元知识学习和能力训练，学生能够理解并掌握市场营销的基本概念；能够准确表述各种不同营销观念的实质，树立科学的营销观念；能够对营销职业有一个正确的认知。

二、本单元涉及的主要专业术语

【商品生产】用于交换的劳动产品叫作商品，以交换为目的所进行的产品生产就是商品生产。商品生产是一个历史范畴，同生产发展的一定历史阶段相联系。

【商品交换】商品交换就是商品所有者按照一定的原则，相互自愿让渡或者转手商品所有权的经济行为。

【购买力】购买力是指人们对商品的购买能力，即在一定时期内用于购买商品的货币总额。购买力是通过社会总产品和国民收入的分配与再分配形成的。购买力的大小，取决于社会生产的发展和国民收入的分配，但它同时又反映了该时期全社会市场容量的大小。

【市场营销】市场营销是指在复杂的市场环境中，企业为了实现自身的利益目标，以消费者需求为中心所开展的一系列与市场相关联的经营活动。具体包括：市场调研、目标市场选择、产品开发、产品定价、渠道选择、产品促销、产品物流、售后服务等。

【AMA】AMA 是美国市场营销协会的英文缩写，其全称是 American Marketing Association。美国市场营销协会成立于 1937 年，是由营销实践和教学人员组成的非营利性质的专业组织。目前，该协会在世界范围内拥有 40 000 名会员。

【市场营销观念】市场营销观念是一种将消费者利益放在首位，“消费者需要什么，就生产什么”，一切以消费者需求为中心的企业经营指导思想。

【4Ps】4P 是产品（Product）、价格（Price）、渠道（Place）和促销（Promotion）四个营销组合要素的英文首字母合称，再加上策略（Strategy），所以简称 4Ps。4Ps 理论能够帮助企业通过制定市场营销策略，优化各种可控因素来适应外部环境的变化，从而在激烈的市场竞争中获得成功。

三、本单元思维导图（图 1-1）

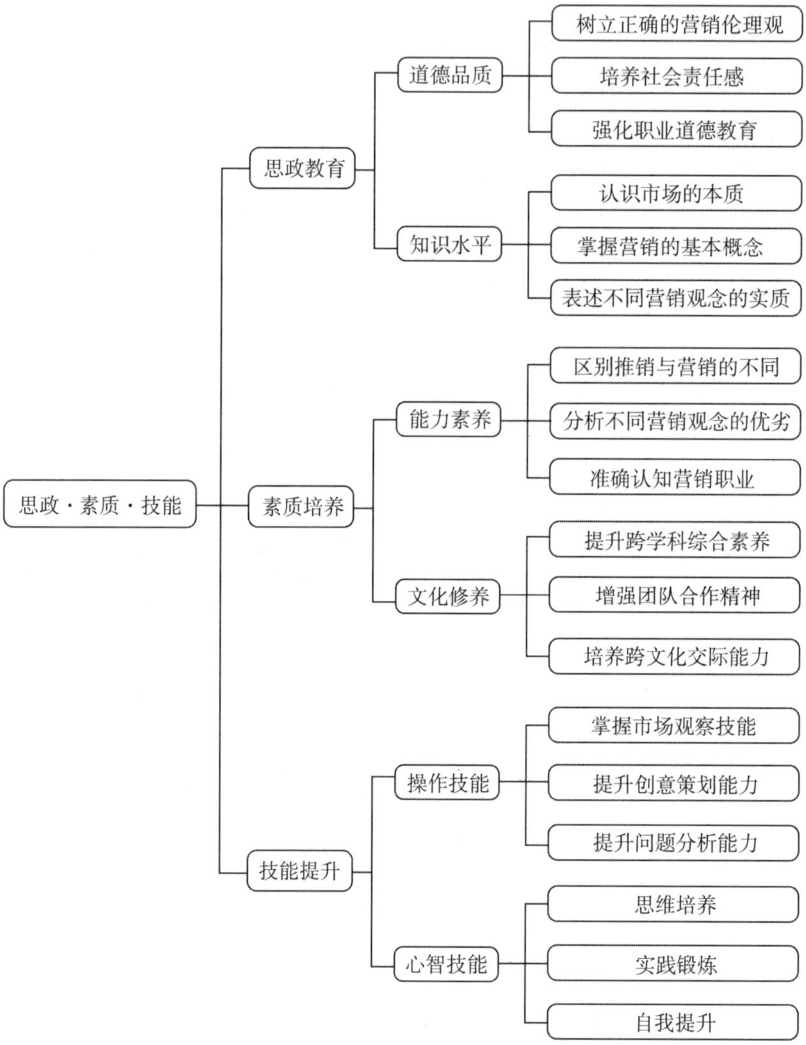

图 1-1 “认识市场　感知营销”思维导图

第二节　本单元同步训练

一、知识巩固部分

（一）单项选择题

1. 张三把铅笔给李四的同时从李四处获取了橡皮，此时，在张三与李四之间所发生的行为属于（　　）。

A. 交换活动　　B. 交易活动

C. 买卖活动　　D. 协商活动

2. 那些将自己所购买的商品和劳务转售或出租给他人以获取利润的组织构成的市场属于（　　）。

A. 消费者市场　　B. 产业市场

C. 中间商市场　　D. 非营利组织市场

3. 市场营销观念与推销观念存在着巨大的差别，这是因为市场营销观念是以（　　）需求为中心的。

A. 卖方　　B. 生产方　　C. 买方　　D. 销售方

4. 消费者在选择一个能极大地满足自己需求的产品时所依据的是（　　）。

A. 需求　　B. 欲望　　C. 感觉　　D. 价值观

5. 市场营销理论的中心是（　　）。

A. 消费　　B. 欲望　　C. 需求　　D. 交换

6.（　　）是先于市场营销的前提性概念。

A. 消费　　B. 交换　　C. 需求　　D. 欲望

7. 市场营销最基本的概念来自人的（　　）。

A. 基本需求　　B. 欲望　　C. 产品需求　　D. 价值

8. 一个人可能会有无限的欲望，但是会受财力限制，当（　　）时，欲望就会变成产品需求。

A. 进入市场参加交易　　B. 愿意购买

C. 进行市场营销活动　　D. 有购买力支持

9. 消费者喜欢那些随处买得到且价格低廉的产品，企业应致力提高生产效率、扩大生产、降低成本以扩展市场。这种营销观念通常被称为（　　）。

A. 生产观念　　B. 产品观念

C. 推销观念　　D. 市场营销观念

10. 消费者喜欢高质量、多功能和具有某种特色的产品，企业应致力生产高值产品，并不断加以改进。这种营销观念通常被称为（　　）。

A. 生产观念　　B. 产品观念

C. 推销观念　　D. 市场营销观念

（二）多项选择题

1. 下列对交换与市场营销关系的描述正确的是（　　）。

A. 当人们决定通过交换来满足欲望和需求时，才出现了市场营销

B. 市场营销是先于交换的前提性概念

C. 交换是市场营销理论的中心

D. 如果没有交换行为，就不能构成市场营销活动

2. 市场是由一切具有特定的欲望和需求并且愿意和能够以交换来满足欲望和需求的潜在消费者构成的。由此可见，市场的构成要素包括（　　）。

A. 有某种欲望和需要的人　　B. 拥有使别人感兴趣的资源

C. 为满足需要的购买能力　　D. 购买欲望

3. 生产观念是一种重生产、轻市场营销的商业哲学，这种观念的形成主要来源于（　　）。

A. 供不应求，因而消费者更在乎得到产品而不是它的优点

B. 产品质量差，因而消费者喜欢高质量、多功能和具有某种特色的产品

C. 成本太高，因而必须以提高劳动生产率来扩大市场

D. 大规模生产，因而商品产量迅速增加，产品质量不断提高

4. 市场营销观念又称为“商业哲学”，是指企业在开展市场营销活动过程中，在处理（　　）之间利益方面所持的态度、思想和理念。

A. 企业　　B. 消费者　　C. 社会　　D. 政府

5. 下列关于市场营销人员的作用的说法正确的是（　　）。

A. 市场营销人员创造消费者的需要

B. 市场营销人员虽然不创造消费者的需要，但是会影响消费者的欲望

C. 市场营销人员可以开发及销售特定的产品和服务来满足消费者的欲望

D. 市场营销人员可以通过一定的手段来促使消费者购买并不需要的东西

（三）判断题

1. 从现实市场的角度看，只要存在着买方和卖方，有可供交换的商品，就能构成市场。（　　）

2. 人口是构成市场的最基本条件，人口越多，市场容量就越大。（　　）

3. 对于企业而言，消费者需求并非唯一的市场机会。（　　）

4. 市场营销观念的出现是企业经营理念上的一次重大变革。（　　）

5. 市场营销是一个综合的经营管理过程，贯穿企业经营活动全过程。（　　）

二、能力训练部分

（一）思维训练题

案例一：

国内气泡水品牌元气森林在2023年夏季联合LINE FRIENDS推出“萌趣一夏”主题营销活动。针对18—30岁年轻消费群体，通过IP联名、场景化营销和社交裂变三板斧实现品牌破圈。活动分三阶段推进：首先在微博/小红书发布神秘剪影海报，引发用户竞猜，3天收获20万+互动；随后推出限量版布朗熊包装产品，配套主题赠品盲盒，在“711”等便利店设置主题打卡区，消费者扫码参与“萌力测试”H5互动可赢取联名周边；最后阶段通过抖音发起“元气萌友DIY挑战赛”，用户使用产品包装创作手工艺品，带动UGC内容（用户原创内容）超5万条。

活动期间产品销量同比增长180%，话题阅读量突破3亿次，成功强化品牌年轻化形象。通过精准的IP选择、线上线下融合的场景体验和社交裂变机制，既实现短期销售转化，又通过情感共鸣提升了用户粘性，为快消品跨界营销提供可复用的创新模板。

思考题：

1. 市场营销活动对我们的生活产生了哪些影响？

2. 试举一些你所遇到的企业营销活动的例子。

案例二：

一家公司正在招聘职员，最后要从3个人中选2个。公司的应聘题目是：假如你们3个人一起去撒哈拉沙漠探险，在返程途中遇到了车子抛锚。你们还有很长的路要走，可是你们只能从7样东西中选择4样随身携带。这7样东西分别是：镜子、刀、帐篷、水、火柴、绳子、指南针。其中，帐篷只能住下2个人，水只有2瓶。

思考题：

如果是你，你会怎么选？为什么？

（二）拓展阅读题

某制药厂营销总监、市场部经理和西部区域市场经理一行3人去陕西西安考察市场。由于飞机晚点，3人安排好住宿后，就近找了一家酒店吃饭，3人一边吃饭一边聊起了西安市场的产品销售工作。

突然包间外有人敲门，门被推开后，一张稚嫩的笑脸伸了进来："各位老板晚上好，能让我进来吗？"

"进来吧！有什么事吗？"

这时大家看清楚了进门的是一个只有十一二岁的小男孩，穿着一件洗得有些褪了色的运动服，笑容满面地对着3人说："看各位老板红光满面，一定是发大财了，买几枝鲜花吧！"

区域经理说道："你看我们3个大男人买花送给谁呀？"

"送给帅哥呗！"小男孩冲着营销总监满脸欢喜地说。

"听老板的口音是南方人呀，南方人都有钱。"小男孩继续说着。

"这小子就专挑好听的话说，快走吧，我们不买。"市场部经理有些不耐烦了。

"不买不要紧，我送给您一枝，玫瑰花能够带给您好运！"小男孩调皮地笑着，一边将一枝玫瑰花放在餐桌上，一边闪在一旁不动声色地看着大家。

“这怎么行啊，快给小家伙几块钱吧!”营销总监显然有些着急了。

市场部经理递给小男孩5块钱。小男孩熟练地接过钱，飞快地揣进了口袋，然后抬起头来从容地对营销总监说：“一枝10块钱!”随后又走到市场部经理的身后，用他的小拳头为市场部经理捶起背来。

营销总监和市场部经理相视一笑。随后市场部经理拿出钱包，不巧没有零钱，只好拿出10块钱递给小男孩，并期待着小男孩还回来刚才已经给他的那5块钱。出乎意料的是，小男孩接过钱后又飞速地揣进口袋，并对市场部经理深深地鞠了一个躬，然后说道：“谢谢老板!”

市场部经理哪里还好意思要回他的那5块钱啊!

这个时候，小男孩满脸欢笑地向市场部经理做了个飞吻的动作，一边说着“老板，I love you!”，一边倒退着离开了包间……

营销总监一行3人用完餐，准备离开酒店时，在大厅里又遇见了小男孩，与刚才不同的是，小男孩手中已经没有玫瑰花了，他正在大厅的一个角落里幸福地享受着手中的肉夹馍。当小男孩看到营销总监他们时，他调皮地做了个鬼脸。

真是一个聪明、调皮、可爱的小家伙!

问题来了，究竟什么是营销呢？相信这个机灵的卖花小男孩已经用他自己的方式告诉我们答案了。

第二单元 熟悉环境 探寻市场

第一节 本单元知识概要

一、本单元主要内容及学习要求

本单元主要介绍市场营销环境的概念及特点。市场营销环境是企业不可控制的影响力量，企业在开展市场营销活动时，既要适应各种环境，又要想方设法地去改变环境。市场营销环境具有普遍性、科学性、不确定性和应用性等特点。对市场营销环境的了解、分析和把握，能够帮助企业发现自身优势，及时了解与满足消费者的需求，还有利于企业发现商机，规避环境威胁，及时调整经营策略。

通过本单元知识学习和能力训练，学生能够理解并掌握市场营销环境的概念及特点，并运用各种市场分析方法，分析市场营销环境对企业经营活动所产生的影响，从而培养探寻市场、捕捉商机的能力。

二、本单元涉及的主要专业术语

【市场营销环境】市场营销环境又称市场经营环境，是指处在企业营销管理职能外部，影响企业市场营销活动及其目标实现的各种因素和动向。企业营销活动与其经营环境密不可分。根据企业对环境因素的可控程度，市场营销环境又可分为营销宏观环境和营销微观环境。

【营销宏观环境】营销宏观环境又称间接营销环境，是指影响企业营销活动的社会性力量和因素。营销宏观环境由人口环境、经济环境、自然环境、技术环境、政治环境、文化环境六个因素组成。

【营销微观环境】营销微观环境又称直接营销环境，是指与企业紧密相连，直接影响企业营销能力的各种参与者。营销微观环境包括企业、供应者、营销中介、消费者、竞争者和社会公众。

【恩格尔系数】恩格尔系数是食品支出总额占个人消费支出总额的比重。19 世纪德国统计学家恩格尔根据统计资料，对消费结构的变化得出一个规律：一个家庭收入越少，家庭收入中（或总支出中）用来购买食物的支出所占的比重就越大；随着家庭收入的增加，家庭收入中（或总支出中）用来购买食物的支出所占的比重会下降。推而广之，一个国家越贫穷，每个国民的平均收入中（或平均支出中）用来购买食物的支出所占的比重就越大；随着国家的富裕，这个比重呈下降趋势。

【目标消费者】目标消费者是指企业在制定产品销售策略时所选定的消费群体。

【可支配收入】可支配收入的全称是“国民可支配收入”或“居民可支配收入”。我们知道国内生产总值（GDP）是反映一个国家最终生产成果的总量指标，而国民可支配收入（NDI）是衡量一个国家最终所得收入的总量指标。GDP 代表的是生产总量，NDI 代表的是收入总量。因为一国的 GDP 要经过收入的初次分配和再分配最终才能形成一国的 NDI，生产总量并不等于收入总量。通常情况下，发达国家的 NDI 往往大于 GDP，而发展中国家的 NDI 往往小于 GDP，这反映了生产和收入之间的分配关系，因此，NDI 是观察和分析国家之间、地区之间、部门之间和人群之间收入是如何分配的最重要的经济指标之一。

【消费者购买动机】消费者购买动机是指促使消费者购买以满足某些需求的愿望或想法。在现实生活中，消费者富有弹性的购买行为都是在生理动机和心理动机支配下发生的。消费者的购买动机是推动消费者购买活动的内在动力。

【消费者购买行为】消费者购买行为是指消费者为满足欲望和需求而寻找、选择、购买、使用、评价及处置产品、服务时介入的过程活动，包括消费者的主观心理活动和客观物质活动两个方面。消费者的购买行为是由一系列环节、要素构成的完整过程。在这一过程中，购买决策居于核心地位，决策的正确与否直接决定购买行为的发生方式、指向及效用大小。

【市场调查】市场调查是指对与营销决策相关的数据进行计划、收集和分析并与管理者沟通分析结果的过程。

【市场预测】市场预测是指在市场调查的基础上，运用科学的方法对市场需求和企业需求及影响市场需求的诸因素进行分析研究，对未来的发展趋势做出判断和推测，为企业制定正确的市场营销决策提供依据。

【定性分析法】定性分析法也称非数量分析法，是一种主观的分析方法，它主要是凭借分析人员的主观分析判断能力来推断事物的性质和发展趋势的分析方法。这种方法可以充分发挥管理人员的经验和判断能力，但预测结果准确性较差。定性分析法一般有因素分析法、比较分析法及矛盾分析法等。

【定量分析法】定量分析法是对社会现象的数量特征、数量关系与数量变化进行分析的方法。定量分析是分析人员使用数学模型对企业可量化的数据进行分析，通过分析对企业经营给予评价并做出正确的经营决策。定量分析法一般有比率分析法、趋势分析法、结构分析法、相互对比法、数学模型法等，其功能在于揭示和描述社会现象的相互作用与发展趋势。

三、本单元思维导图（图 2-1）

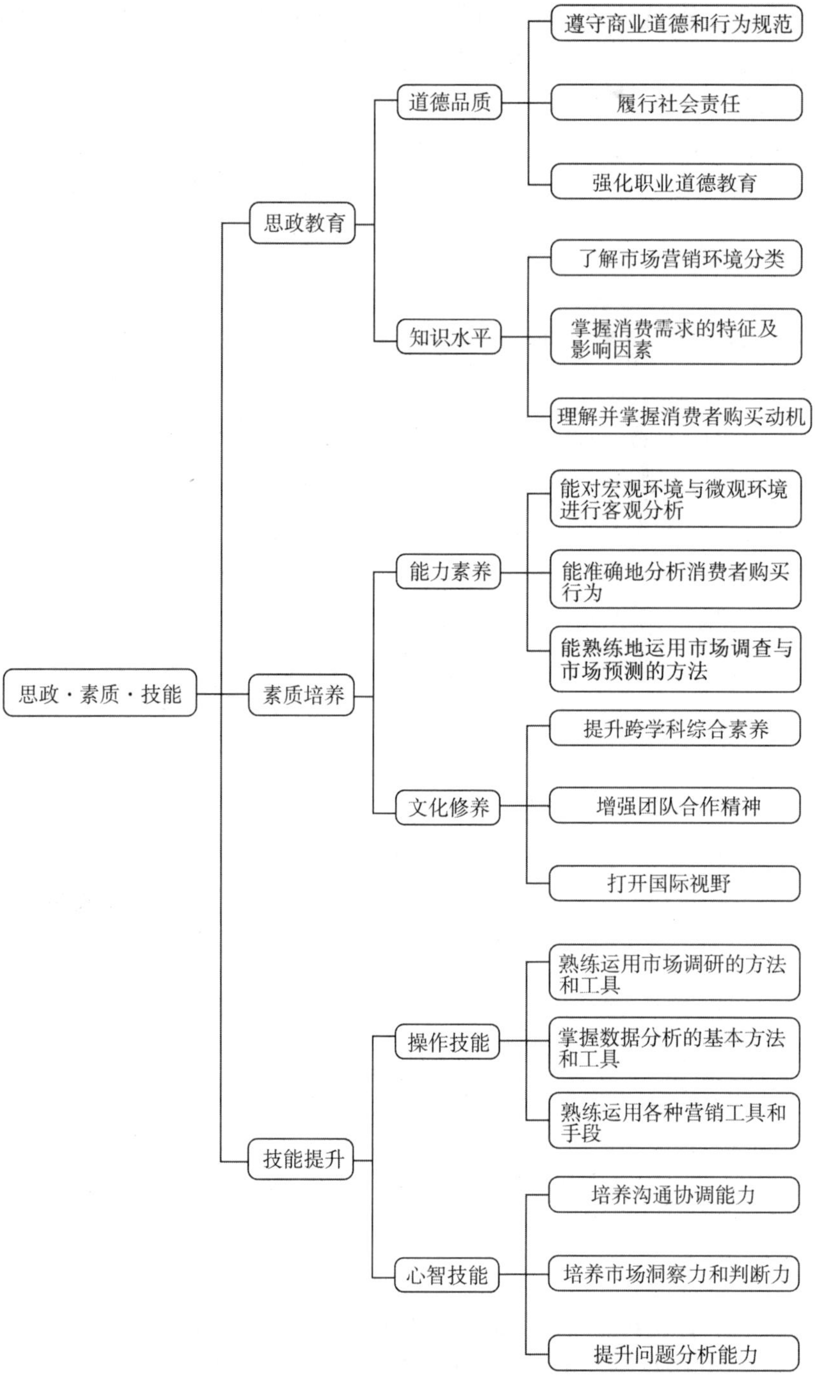

图 2-1 “熟悉环境 探寻市场”思维导图

第二节　本单元同步训练

一、知识巩固部分

（一）单项选择题

1. 一般来说，市场营销环境包括（　　）。

A. 直接营销环境和间接营销环境　　B. 微观环境和宏观环境

C. 微观环境和中观环境　　D. 宏观环境和中观环境

2. 根据“马斯洛需求层次论”，下列属于第三层次的是（　　）。

A. 安全需要　　B. 自尊需要

C. 社会需要　　D. 自我实现需要

3. 在市场调查中，调查人员一般会先收集（　　）。

A. 第一手资料　　B. 二手资料

C. 原始资料　　D. 外部资料

4. 根据“马斯洛需求层次论”，最高层次的需求是（　　）。

A. 生理需要　　B. 安全需要

C. 社会需要　　D. 自我实现需要

5. 威胁水平高、机会水平低的企业是（　　）。

A. 理想企业　　B. 冒险企业

C. 成熟企业　　D. 困难企业

6. 某地区恩格尔系数越大，表明该地区（　　）。

A. 越富裕　　B. 越贫穷　　C. 越开放　　D. 越闭塞

7. 对企业出现的问题缺少认识和了解，为弄清问题的性质、范围、原因而进行的初始调查，称为（　　）。

A. 探测性调查　　B. 描述性调查

C. 因果性调查　　D. 预测性调查

8. 下列对市场调查的四个步骤排序正确的是（　　）。

A. 确定信息来源、确定调查问题、进行信息收集与分析、提出结论

B. 确定信息来源、进行信息收集与分析、确定调查问题、提出结论

C. 确定调查问题、确定信息来源、进行信息收集与分析、提出结论

D. 确定调查问题、进行信息收集与分析、确定信息来源、提出结论

9. 市场调查的最终成果是（　　）。

A. 追踪调查　　B. 补充调查　　C. 调查报告　　D. 调查表格

10. 某企业的市场调查人员为了更好地了解消费者的购买行为，利用摄像设备在商场对消费者的购买情况进行视频录制，这种调查方法是（　　）。

A. 访问法　　B. 观察法　　C. 实验法　　D. 网络法

（二）多项选择题

1. 调查问卷的内容一般包括（　　）。

A. 问卷的开头　　B. 问卷的提纲

C. 问卷的正文　　D. 问卷的结尾

2. 竞争者一般是指那些与本企业提供的产品或服务相似，并且所服务的目标顾客也相似的其他企业。从消费者需求的角度划分，竞争者的主要类型有（　　）。

A. 愿望竞争者　　B. 普通竞争者

C. 特殊竞争者　　D. 品牌竞争者

3. 消费者需求的基本特征主要有（　　）。

A. 需求的多样性　　B. 需求的重复性

C. 需求的层次性　　D. 需求的可诱导性

4. 根据消费者购买介入程度和品牌间差异情况，消费者的购买行为主要可以分为（　　）。

A. 冲动型购买　　B. 求证型购买

C. 多变型购买　　D. 复杂型购买

5. 市场调查的方法主要有（　　）。

A. 访问法　　B. 行动法　　C. 观察法　　D. 实验法

（三）判断题

1. 消费者购买行为一般表现为以下几个阶段：（1）搜集资料；（2）评估选择；（3）购买决定。（　　）

2. 市场营销的间接环境是客观的，属于企业的不可控因素。（　　）

3. 对于营销环境的威胁，无论是宏观环境，还是微观环境，企业只能采取对抗策略。（　　）

4. 企业营销中的营销中介其实就是中间商。（　　）

5. 系统抽样法所选取的样本，能够较均匀地分散在总体的各个部位，增强了样本的代表性。（　　）

二、能力训练部分

（一）思维训练题

案例一：

张三和李四同时受雇于一家公司，入职时，都是从底层的营销人员做起。但不久后，张三升职为部门销售经理，而李四依然还是一名普通的营销人员。终于有一天，李四向公司老板提出了辞职申请，并愤愤地表达了自己的不满：“我和张三一同来的公司，凭什么他现在是部门销售经理，我还是一般职员啊！”公司老板说：“好！你现在马上到街角的集市，看看今天都有什么卖的？”李四去集市看了看很快就回来了，并说道：“老板，我刚才看到集市上有个农民正在卖洋葱。”老板接着问：“一车大约有多少袋？”于是，李四又去了一趟集市，回来后报告说有20袋。老板又问：“一袋价格是多少呢？”李四再次跑去集市……

老板又把张三叫来：“张三，你现在到集市，看看今天早上有卖土豆的吗？”

张三很快从集市回来了，他向老板汇报：“今天集市上只有一个农民在卖土豆，一共40袋，价格是2毛5分一斤。我看了一下，这些土豆的质量不错，价格也便宜，于是顺便带回来一个让您看看。”

张三边说边拿出土豆：“我想这么便宜的土豆一定可以赚钱，根据我们以往的销量，40袋土豆用一个星期左右就可以全部卖掉，而且咱们全部买下还可以获得适当优惠。所以，我把那个农民带来了，他现在正在外面等您回话呢……”

听完故事，我们不难发现：这就是张三与李四的不同。

思考题：

1. 企业的营销人员要用什么样的眼光看问题？

2. 试想如果你是李四，你今后会怎么做。

案例二：

在北京城里的一条街道上，同时开着三家裁缝铺，裁缝的手艺都很不错。可是，由于三家离得太近，生意上的竞争非常激烈。为了抢生意，他们都想通过挂出一块具有吸引力的牌匾来招揽生意。

第一家裁缝铺挂出的是“全北京城最好的裁缝”。

第二家裁缝铺见第一家裁缝铺挂出的牌匾后，很不服气，于是也挂出了自己的牌匾，上面写着“全中国最好的裁缝”。

第三家裁缝铺一看前两家都挂出了这么高大上的牌匾，并且抢走了大部分的生意，开始焦虑了，这该怎么办？

一天，一名营销人员来到店里，问明情况后，告诉他不妨也挂一块牌匾，上面可以写上“……”这样几个字。果不其然，自从挂出这块牌匾以后，生意就兴隆起来了。

思考题：

你认为这块牌匾上写的是什么字？为什么？

（二）拓展阅读题

北京大宝化妆品有限公司（以下简称“大宝公司”）成立于1999年。多年来，大宝公司始终秉承“物超所值，服务大众”的宗旨，推陈出新，不断满足日益变化的消费者需求。“大宝”系列化妆品自诞生至今，适应了不同时期、不同层次的消费需求。诞生于1990年的大宝品牌“SOD蜜”，以及其后的“美容日霜”和“SOD蛋白蜜”都成为国内市场上家喻户晓的产品。从2009年开始，大宝公司又成功推出了“SOD滋润霜”“SOD清爽保湿凝露”“清爽保湿洁面乳”等新产品，为消费者提供了更多物超所值的选择，大宝品牌也逐渐发展成为国产名牌。

在日益增长的国内化妆品生产上，大宝公司选择了把普通工薪阶层作为销售对象。一般来说，工薪阶层的收入不高，很少会选择价格较高的化妆品，但是他们对产品的质量也很看重，且喜欢固定使用某一特定品牌的产品。因此，大宝公司在注重质量的同时，坚持按普通工薪阶层更能接受的价格来定价。其主要产品100 mL的“SOD蜜”，市场零售价不超过10元，“美容日霜”和“美容晚霜”也不过20元。总之，大宝公司的产品价格与市场上同类产品相比具有很大的优势，而且其本身质量也不错。因此，大宝很快就受得了消费者的欢迎，许多消费者不仅自己用，还带动家庭其他成员一起使用。

大宝公司还通过市场调研了解到使用大宝护肤产品的消费者年龄在35岁以上者居多，这一类消费群体心理成熟，接受了一种产品后一般很少更换，而且这种群体在向别人推荐产品时，又有着较高的可信度。一般来讲，化妆品的口碑对其销售起着重要作用。大宝公司正是靠着这么一种群众路线获得了市场。

在销售渠道上，大宝公司认为如果继续依赖传统的商业部门订货会和各省市百货批发站，必然会造成销售渠道越来越窄。于是，大宝公司主动出击，通过开辟新销售网点的办法，在全国大中城市有影响力的百货商场设置专柜，直接销售自己的产品。零售与批发同步推进，使得大宝公司的销售覆盖面更广，在许多偏僻的地区也能见到大宝公司的产品。

在广告宣传方面，大宝公司强调对广告媒体的选择一定要经济实惠且恰到好处。因此，大宝公司选择了在央视二套节目中插播广告，理由是央视二套的广告价格相对便宜，而且可以反复套播。在一段时间内，我们每天都能在电视上见到大宝公司的广告。如此高密度、轰炸式的广告，为大宝公司带来了越来越高的知名度。与此同时，我们还注意到，大宝公司广告的成功还在于它的广告定位与目标市场十分吻合。大宝公司大多选用的是教师、工人、摄影师等实实在在的普通工薪阶层参与广告的摄制。“大宝挺好的”“想要皮肤好，早晚用大宝”“大宝明天见，大宝天天见”等广告语朗朗上口，深入人心。

问题来了，大宝公司为什么能成功？它在分析消费者的消费心理方面有哪些值得借鉴的地方？在营销策略方面又有什么可取之处？

第三单元 找准商机 进入市场

第一节 本单元知识概要

一、本单元主要内容及学习要求

本单元从市场商机的概念入手，介绍了市场商机的基本特征，揭示了企业如何发现商机和把握商机；全面介绍了市场细分的概念及作用，以帮助企业独立进行目标市场的选择与评估，通过市场细分找出目标市场并顺利进入市场。

通过本单元知识学习和能力训练，学生能够了解并掌握市场细分的概念，懂得市场细分与细分市场的区别；能够运用市场定位方法，为企业或产品进行准确的市场定位；能够有效运用市场营销组合，确保企业或产品顺利进入市场。

二、本单元涉及的主要专业术语

【市场商机】市场商机是指市场商业经营机会，即企业在经营活动中所遇到的商业经营机会。市场商机无论大小，从其经济意义上讲，一定是能给企业带来商业利润的机会；从其本质上讲，其实表现为需求的产生与满足的方式上在时间、地点、成本、数量、对象上的不平衡状态。旧的市场商机消失后，新的市场商机又会出现。

【现实市场】现实市场是指对企业经营的某种产品有需要、有支付能力又有购买欲望的现实顾客。现实市场是根据市场出现的先后来划分的，与之对应的则是潜在市场和未来市场。

【潜在市场】潜在市场由那些对某种产品具有一定兴趣的顾客构成。潜在市场是市场营销研究的主要领域。

【市场细分】市场细分是指企业在对市场环境进行分析的基础上，根据消费者消费需求的差异性，把整体市场划分为若干个子市场的过程。市场细分是企业立足于消费者，以消费者为中心所进行的市场分类，分类的对象是消费者，目的是更好地满足消费者的消费需求。

【子市场】企业按照一定的细分标准，把整体市场细分为若干个需求不同的衍生市场，这些衍生市场就是“子市场”。每个衍生市场中的消费者都具有相同或相似的需求特征，因此，企业可以选择其中一个或多个作为目标市场。

【目标市场】目标市场就是企业通过市场细分确定所要进入的市场。企业的一切营销活动都是围绕着目标市场进行的，只有正确地选择了目标市场，企业才能更好地明确具体的营销领域和服务对象，才能科学地制定营销战略。

【同质产品】同质产品俗称“相同产品”。在市场上，消费者无论从哪个供应商处购买商品，若这些商品各方面的特性都完全一样，则称之为“同质产品”。因此，同质产品是指品质和特性都完全一样的产品。

三、本单元思维导图（图 3-1）

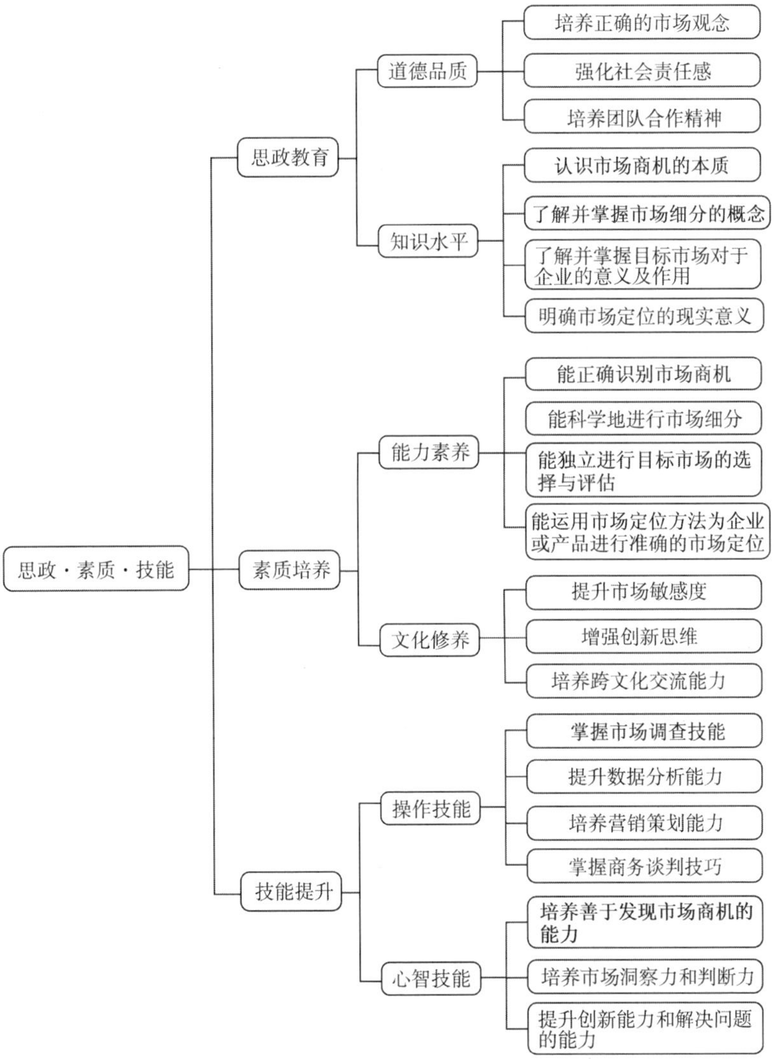

图 3-1　“找准商机　进入市场”思维导图

第二节 本单元同步训练

一、知识巩固部分

（一）单项选择题

1. 市场细分的主要依据是（　　）。

A. 消费需求的差异性　　B. 消费需求的同类性

C. 消费需求的相关性　　D. 消费需求的差异性和同类性

2. 市场上所有消费者对某种商品的偏好大致相同，不存在显著差别的市场细分类型是（　　）。

A. 群组型　　B. 分散型

C. 同类型　　D. 其他型

3. 生产资料市场细分最通用的标准是（　　）。

A. 最终用户　　B. 用户的规模和购买力

C. 用户地点　　D. 用户的自然环境

4. 市场定位与市场细分的顺序关系是（　　）。

A. 市场定位、市场细分、目标市场

B. 市场细分、目标市场、市场定位

C. 市场定位、目标市场、市场细分

D. 目标市场、市场细分、市场定位

5. 企业针对不同消费群体的需要，只生产或经营某一种类的产品，为不同消费者服务的目标市场模式是（　　）。

A. 市场集中化　　B. 市场专业化

C. 产品专业化　　D. 选择性专业化

6. 企业针对几类消费群体的不同需要，分别生产或经营几种与之对应的不同产品，这样的目标市场模式是（　　）。

A. 市场集中化　　B. 市场专业化

C. 产品专业化　　D. 选择性专业化

7. 企业在进行市场细分以后，决定同时为几个细分市场服务，并按照这几个市场消费需求的不同，有针对性地分别推出不同产品和营销组合的市场策略，称为（　　）。

A. 无差异性市场策略　　B. 差异性市场策略

C. 密集性市场策略　　D. 其他市场策略

8. 对于选择性不强、差异性不大的大路货，供不应求的商品，具有专利权的商品，宜采用（　　）。

A. 无差异性市场策略　　B. 差异性市场策略

C. 密集性市场策略　　D. 其他市场策略

9. 资源有限的中小型企业经常采用的市场策略是（　　）。

A. 无差异性市场策略　　B. 差异性市场策略

C. 密集性市场策略　　D. 其他市场策略

10. 企业选择的目标市场尚未被竞争者发现，企业率先进入市场，抢先占领市场的市场定位策略是（　　）。

A. 市场领先者定位策略　　B. 市场挑战者定位策略

C. 跟随竞争者定位策略　　D. 市场补缺者定位策略

（二）多项选择题

1. 市场细分的发展阶段主要分为（　　）。

A. 大量营销阶段　　B. 产品无差异化营销阶段

C. 目标营销阶段　　D. 产品差异化营销阶段

2. 进行有效的市场细分，应当遵循的原则有（　　）。

A. 可衡量性　　B. 需求足量性

C. 可进入性　　D. 反应差异性

3. 企业开展目标市场营销活动的主要步骤有（　　）。

A. 市场细分　　B. 市场选择

C. 市场定位　　D. 市场营销组合

4. 企业进行市场定位的步骤主要包括（　　）。

A. 提高产品的质量　　B. 确立产品的特色

C. 树立企业的市场形象　　D. 巩固企业的市场形象

5. 市场定位的主要依据有（　　）。

A. 产品特色　　B. 顾客利益

C. 使用场合　　D. 使用者

（三）判断题

1. 一个消费者群就是一个细分市场。（　　）

2. 每一个细分市场都是由具有不同需求倾向的消费者构成的群体。（　　）

3. 市场细分的可衡性原则是指企业容易进入细分市场。（　　）

4. 并非所有的细分市场都是企业能够进入的。（　　）

5. 企业的市场定位要随着目标市场竞争者状况和企业内部条件的变化而变化。（　　）

二、能力训练部分

（一）思维训练题

案例一：

日本化妆品“资生堂”之所以长盛不衰，与其独具特色的市场营销策略密不可分。

与一般化妆品公司不同，资生堂公司的品牌管理，采取的是“品牌分生”策略。该公司以其主要品牌为基准，对每一个品牌设立一个独立的子公司。这样，每一个子公司就可以针对该品牌目标顾客的不同情况，制定相对独立的产品策略、分销渠道策略和促销策略。同时，在总公司内部，品牌与品牌之间，子公司与子公司之间，也要进行激烈的竞争。例如，资生堂公司在 20 世纪 90 年代推出的“艾杜莎”（Ettusais）系列化妆品，以年龄在 20 岁左右、购买能力较低、对知名品牌敬而远之、对默默无闻品牌能自主选择的女性消费者为目标顾客。该品牌的营销管理就别具一格，其分公司在东京繁华地段的银座一楼设立专柜，专卖“艾杜莎”系列化妆品，店内陈列的产品多达 30 余种，消费者可以当场试用，而且价格还相当便宜。同时，公司考虑到目标消费者的购买行为特点，在该系列化妆品的包装上一律不写“资生堂”的名字，让人不容易察觉这是大名鼎鼎的资生堂产品。通常，在一般店铺中，当消费者上门时，售货员便会上前做一系列说明，而“艾杜莎”专卖店则规定：除非消费者主动询问，否则售货员绝对不能对其购买行为进行任何干扰，而是应该为消费者创造一种能够完全独立、自主挑选的购买氛围。

20 世纪 80 年代之前，资生堂公司实行的是一种不对消费者进行细分的大众营销策略，就是希望自己的每一种化妆品对所有的消费者都适用。20 世纪 80 年代中期，资生堂公司因此遭受了重大的挫折，市场占有率迅速下降。后来，资生堂公司经过认真反省，决定由原来采取的大众营销策略转向个别营销策略，即针对不同的消费者采取不同的营销策略，随即提出了“体贴不同岁月的脸”的口号。他们开始针对不同年龄段的消费者，提供不同品牌的化妆品，如：为十几岁少女提供的是 Reciente 系列；20 岁左右的是 Ettusais 系列；40—50 岁的中年妇女则有 ELIXIR 系列，50 岁以上的妇女则有防止肌肤老化的 REVITAL 系列；等等。

资生堂公司不像一般化妆品公司那样，对零售商有着较大的依赖，它有自己独立的销售渠道，旗下的专卖店多达数万家。为了配合产品销售，资生堂公司又推行了品牌店铺策略，即结合各品牌的具体情况，在每一个专卖店只集中销售一种或几种品牌。例如，在年轻人较为集中的地方，设立 Reciente 系列专卖店；在中老年人出入较多的地方，设立 ELIXIR 系列或 REVITAL 系列专卖店。为了对市场的细分达到最彻底的程度，资生堂公司制定了与时俱进的经营策略：“未来旗下的每一家店铺只售卖一种品牌的资生堂产品”。

资生堂公司还对化妆品市场进行了深入的调研与分析，发现一般消费者不仅需要化妆品企业为其提供优质的产品，更需要化妆品企业为其提供高水平的美容咨询服务，于是提出了 CL（couseling）店构想，即把化妆品专卖店变成美容咨询室，为入店的消费者提供各种美容咨询服务。为此，资生堂公司积极对员工进行培训，目标是使每一个销售人员都能成为“美容专家”。

资生堂公司是日本最早进行战略营销管理的企业之一，其内部设有专注于研究战略营销的机构——“资生堂营销战略室”。这个机构的主要任务是对本企业的外部营销环境、行业竞争态势进行深入分析，以便为制定中长期的企业营销策略提供依据。同时，该机构还负责制定具体的企业营销策略，并监督这些策略的实施过程，以确保企业能够有效地应对市场变化和竞争挑战。在营销战略室的人员构成方面，资生堂公司从日本全国聘请了 35 位高级营销顾问，这些顾问每年都会在资生堂公司总部集中几次，共同研讨国内外化妆品市场的动向，检讨企业在战略管理中存在的问题，并提供专业的建议和指导。因此，“资生堂营销战略室”在资生堂公司的发展中扮演着至关重要的角色。

总之，技高一筹的战略营销管理使资生堂公司在激烈的市场竞争中始终领先一步。

思考题：

1. 资生堂公司是如何进行市场细分的？

2. 资生堂公司的目标战略有何独特之处？

3. “资生堂营销战略室”的设立对我们有何启示？

案例二：

青岛海尔洗衣机有限公司（以下简称“海尔公司”）成立于2004年，主要经营范围包括洗衣机及相关配件的生产、洗衣机产品的销售等。近年来，海尔公司依靠雄厚的技术力量，推出了多品种、多规格的洗衣机产品，以满足不同层次消费者的需求，一举成为中国洗衣机行业的龙头企业。

通过市场调查，海尔公司发现许多家庭居住面积小，没有足够的洗衣空间，于是设计并推出了一款“极限设计、全塑外壳”的“小神童”全自动洗衣机。

海尔公司还发现有一部分用户在使用全自动洗衣机时，往往不是一次性将洗衣、脱水程序完成，而是将不同的衣服分开进行洗涤，然后一起脱水，他们认为按全自动洗衣机原理，这是不科学、不可取的。对于海尔公司而言，“用户永远是对的”。为此，不久后，海尔公司的第一台电脑后置仿生设计的“小神童”全自动洗衣机问世了，这款洗衣机具有高节能的特点，深受广大消费者的青睐。

农村是洗衣机销售方兴未艾的广阔市场，调研人员发现，农村地区的水质越来越硬，衣服越来越难洗净。对此，海尔公司的研发人员开发了一款专利产品——气泡式洗衣机，即利用气泡爆炸破碎软化的作用，改善衣服的洗净效果，使衣服的洗净度提高20%以上。

海尔公司的普及型滚筒洗衣机“丽达”系列中，既有高品位的“玛格丽特”高档洗衣机，又有符合大众消费水平、能够满足小康家庭洗衣需求的普通洗衣机，从而拓展了各种不同消费层次的选择空间。

“用户的需要就是我们永远的追求”，为了使人们能够彻底地从洗衣烦恼中解脱出来，海尔公司推出了迷你型即时洗“小神童”洗衣机，小到一双袜子，大到整件的衣服（最多可洗1.5千克）均可洗涤，并解决了内衣与外衣分开洗，不同脏度、不同颜色的衣服分开洗的问题，使洗衣机进入了一个全新的梦幻组合时代。

思考题：

1. 你认为洗衣机市场细分的标准有哪些？

2. 海尔公司的产品是如何满足各层次消费者的需求的？

（二）拓展阅读题

多年以来，我国饮料行业一直由碳酸饮料、瓶装饮用水和茶饮料主导市场。但是，近年来果汁饮料以健康时尚的形象成为饮料市场的新宠，各饮料巨头纷纷挺进果汁饮料市场，行业门槛也进一步提高。新进入者想要有所突破，除比拼资金、设备、原材料等以外，营销策略的水准也成为其制胜的关键。

农夫山泉股份有限公司（以下简称“农夫山泉”）成立于1996年，长期致力健康饮用水事业，为中国饮料工业领先者。2003年，农夫山泉也果断推出了果汁产品——“农夫果园”，并于2007年一举获得“中国名牌”的称号。那么“农夫果园”成功的秘诀是什么呢？

1. 在产品设计方面，选择混合果汁作为突破口

市场上，果汁饮料的口味繁多，以橙汁、苹果汁、桃汁、葡萄汁四种最为常见。但它们都是单一口味，而且市场的主要竞争集中在单一的橙汁口味。“农夫果园”作为一个后进的品牌，在产品设计上没有依照现有的口味跟进，而是另辟蹊径选择了混合口味作为突破口，最终大获成功，从此屹立于强手如林的果汁市场。“农夫果园”之所以选择走混合口味的路线，一方面是为了避开与市场上已经站稳脚跟的大品牌正面竞争，另一方面也是为了确立自身在果汁品种项目中的领先地位。

混合果汁有它的混合优势。第一是推出了营养互补的概念。人们一般会认为，混合了多种水果的果汁营养肯定更加全面，更能满足人体对各类营养元素的需求。第二是口味。对于果汁饮料而言，口味是消费者最看重的一个方面，而混合果汁能够做到各种水果风味的互补，别出心裁地调制出独特的口感，因而能够吸引众多的消费者。

2. 在宣传推广方面，打出了“喝前摇一摇”的广告语

把“喝前摇一摇”作为企业宣传诉求，是“农夫果园”营销成功的第二步。“农夫果园喝前摇一摇”，这样的广告语不免让消费者联想到“农夫山泉有点甜”这句流传甚广的广告语。“农夫山泉有点甜”在今天已经成为农夫山泉天然水品牌的传播标志，当初农夫山泉确定这一宣传诉求的时候，饮用水市场正在集体以“品牌如何纯净”作为卖点。“农夫山泉有点甜”以口感承诺为诉求，借以暗示水源的地理优势，使农夫山泉形成了感性偏好、理性认同的整体策略，在竞争激烈的市场上迅速获得成功。

“喝前摇一摇”在理论上也具有异曲同工的效果。感性偏好上，“农夫果园”以消费者可以亲身体验的动作——“摇”，加强产品与人的互动性；“摇一摇”也使得宣传诉求与同类果汁产品迥然不同，以其独有的趣味性、娱乐性增添消费者的记忆点。理性认同上，“摇”这一动作也暗示了果汁中有“货”。这是基于“农夫果园”的产品特性：浓度高，内含丰富的果肉纤维。

在“农夫果园”出现之前，果肉纤维的沉淀几乎是所有果汁生产厂家唯恐避之不及的问题。因此，果汁生产厂家都会在产品的外包装上印一排很小的文字：“如有

沉淀，为有效成分果肉，请摇匀后再放心饮用。”这排文字是为了消除一种误解，即有果肉沉淀并不意味着产品质量有问题。而“农夫果园”勇敢地把“喝前摇一摇”凝聚成一句广告语，并把“摇”的动作上升为宣传诉求。把果肉纤维变为产品的又一个卖点，把过去“摇一摇”的推辞口吻换成推荐语气，“农夫果园”这样的宣传诉求立足于理性，不失为一种绝妙的差异化策略。

3. 在包装、容量和浓度方面，做到标新立异

超市的货架上，在琳琅满目的果汁产品中，“农夫果园”往往令人瞩目，这是其在包装、容量和浓度方面独树一帜所产生的作用。

在包装方面，“农夫果园”最吸引人的地方就是采用了超大口径的瓶口。市场上其他果汁产品的瓶口一般都为 28 mm，而“农夫果园”的瓶口更具人性化，饮用时能够使整个口腔充满果汁，令人大快朵颐，让味蕾更多地体验果汁原味。

包装上的另一个创意，就是“农夫果园”运动盖的设计。“农夫果园”的瓶盖和农夫山泉一样，分为普通盖和运动盖两种。早前农夫山泉通过广告和终端陈列把运动盖的趣味性、时尚性发挥得淋漓尽致，这一次“农夫果园”的运动盖从设计上说比农夫山泉有过之而无不及，其特点是当瓶子打翻时，盖子会自动关闭，保证饮料不会溢出。这样可以增添饮用的乐趣，既吸引了目标消费群购买，又在一定程度上培养了他们对“农夫果园”品牌的忠诚度。

在容量方面，“农夫果园”也别出心裁。“农夫果园”在容量上比同类产品多 100 mL 或 30 mL。这样既有利于其在终端店铺的陈列和促销员的口碑推荐，也可以为其价格策略做好铺垫。

在浓度方面，“农夫果园”也独树一帜率先向高浓度靠拢，在外包装上明确标明“30%”的果汁含量，这正是“农夫果园”与众不同的地方。

对于果汁产品来说，浓度和口味往往存在着矛盾。100%的果汁虽然营养价值高，但是不易储存，而且口感普遍不是太好，比如大多数标明 100%含量的橙汁，往往带有水果本身的酸涩味。国内现有果汁产品的浓度大多为 10%，而“农夫果园”将果汁浓度提升到了 30%，并且利用了混合优势，一举突破了果汁含量与口味之间的矛盾，既保留了清爽不粘口的特点，又从营养成分方面留下了日后发挥的空间。

4. 在价格策略方面，坚持走高端化道路

“农夫果园”终端的销售价格明显高于同类果汁产品，这是其价格差异化的具体表现。开辟高端市场，自觉回避同类产品的价格竞争，“农夫果园”之所以选择这一道路是基于对果汁行业现有价格特点的研究与分析：

(1) 产品没有明显差异，价格非常接近，一般出厂价在每瓶 2 元左右，高于此价格的果汁饮料基本上是空白。

(2) 价格战已经开始，大有日益激烈的趋势。

(3) 由于众多的果汁饮料生产企业产能的扩大，产品的价格战势必进一步加剧。

在这样的市场态势下，坚持采取差异化的定价策略，走高端化道路，可以避免企业陷入价格战的旋涡，也有利于保障新产品价格体系的稳定。

问题来了，“农夫果园”是怎样成长为“中国名牌”的？它在哪些方面分别采取了怎样的营销策略？

第四单元　立足市场　策划产品

第一节　本单元知识概要

一、本单元主要内容及学习要求

本单元主要介绍市场营销中产品的整体化概念，以及产品生命周期理论。产品的生命周期分为四个不同的阶段，不同的阶段有不同的特点，因而，企业的营销重点也各不相同。

通过本单元知识学习和能力训练，学生能够了解整体产品的概念，熟悉产品组合策略的内容和运用；能够根据产品生命周期理论，明确不同阶段的不同特点，并且准确采取相应的市场改进对策；能够了解并掌握新产品策略、产品品牌策略、产品包装策略及其运用。

二、本单元涉及的主要专业术语

【整体产品】整体产品的概念是市场营销学所研究的产品的概念，整体产品的概念包括两个方面五个内容。两个方面，即产品=有形的实体+无形的服务；五个内容，即核心产品、形式产品、期望产品、附加产品和潜在产品。

【产品组合】产品组合又称产品搭配，是指一个企业在一定时期内生产经营的全部产品线和产品项目的有机组合方式，即企业的经营范围。它包括四个变数：产品组合的宽度、长度、深度和关联度。

【产品线】产品线是指同一产品种类中具有密切关系的一组产品。它们以类似的方式起作用，或者通过相同的销售网点销售，或者满足消费者相同的需求。

【产品项目】产品项目是指一类产品中品牌、规格、式样、价格不同的每一个具体产品。

【产品生命周期】产品生命周期是指产品从投放市场开始，到被淘汰退出市场为止所经历的全部时间和过程。典型的产品市场生命周期包括四个阶段，即导入期、成长期、成熟期和衰退期。

【品牌】品牌是对于产品而言的，是用以识别某个企业的产品或劳务，并使之与竞争对手的产品或劳务区别开来的商业名称及标志。它通常由文字、标记、符号、设计图案和颜色等要素构成或是这些要素的组合体。

【商标】商标是一个专门的法律术语。商标是用以识别和区分商品或服务来源的标志。任何能将自然人、法人或者其他组织的商品与他人的商品区别开的标志，包括文字、图形、字母、数字、三维标志、颜色组合和声音等，以及上述要素的组合，均可以作为商标申请注册。品牌在政府有关部门依法注册后，称为“商标”，商标受法律的保护，注册者有专用权。它是企业的无形资产，驰名商标更是企业的巨大财富。国际市场上著名的商标，往往在许多国家进行注册。我国有“注册商标”与“未注册商标”之区别。注册商标是在政府有关部门注册后受法律保护的商标，未注册商标则不受商标法律的保护。

【包装】包装是指产品的容器或外部包装物，是产品策略的重要内容，有着识别、便利、美化、增值、促销和保护的功能。

三、本单元思维导图（图 4-1）

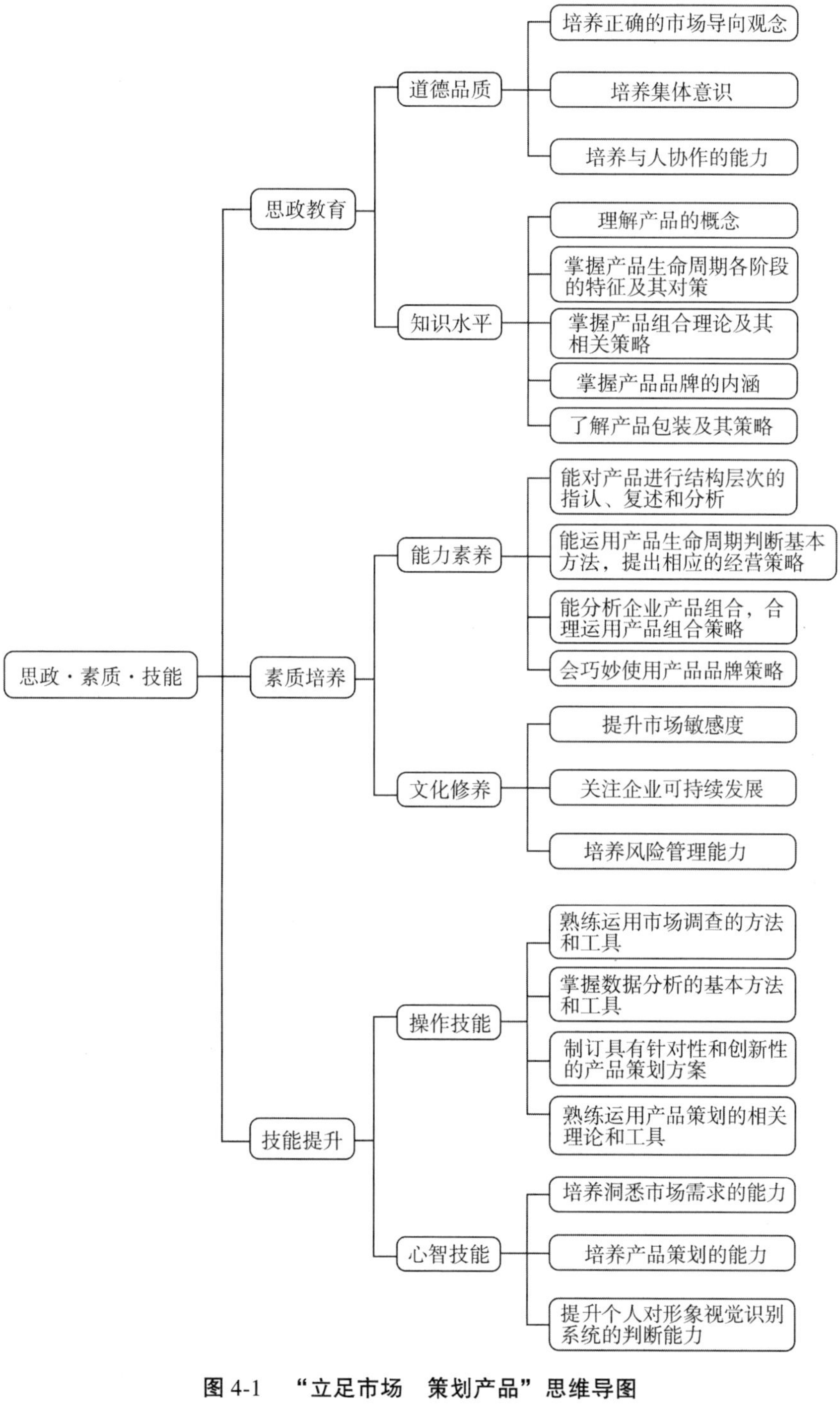

图 4-1　“立足市场　策划产品”思维导图

第二节 本单元同步训练

一、知识巩固部分

（一）单项选择题

1. 核心产品指的是（　　）。

A. 产品的使用价值　　B. 产品的具体品质

C. 产品的品牌商标　　D. 产品的实用包装

2. 服务的（　　）特征表明，消费者只有加入服务的生产过程中，才能享受到服务本身。

A. 异质性　　B. 无形性　　C. 同步性　　D. 易逝性

3. 企业文化在产品整体概念中属于（　　）。

A. 潜在产品　　B. 形式产品

C. 期望产品　　D. 附加产品

4. 产品的有形部分所组成的是产品的（　　）。

A. 实质层　　B. 实体层　　C. 延伸层　　D. 服务

5. 包装有很多构成要素，其中（　　）是最具有刺激销售作用的要素。

A. 商标　　B. 品牌　　C. 图案　　D. 颜色

6. 对于拥有良好声誉且生产质量水平相近产品的企业，宜采用的包装策略是（　　）。

A. 等级包装　　B. 类似包装

C. 分类包装　　D. 配套包装

7. 在技术和结构上密切相关、具有相同使用功能、规格不同而满足同类需求的一组产品构成（　　）。

A. 产品组合　　B. 产品线

C. 产品构成　　D. 产品项目

8. 企业所拥有的不同产品线的数目是产品组合的（　　）。

A. 深度　　B. 长度　　C. 宽度　　D. 相关性

9. 在产品生命周期的导入期，通过高价格、高促销费用来推出新产品的策略属于（　　）。

A. 缓慢取脂策略　　B. 快速渗透策略

C. 快速取脂策略　　D. 缓慢渗透策略

10. 注册后的品牌有利于保护（　　）。

A. 商品所有者　　B. 资产所有者

C. 消费者　　D. 品牌所有者

（二）多项选择题

1. 按照消费习惯的不同，消费品可分为（　　）。

A. 便利品　　B. 选购品

C. 特购品　　D. 非渴求品

2. 按照商品之间的销售关系不同，商品可分为（　　）。

A. 独立品　　B. 互补品

C. 条件品　　D. 替代品

3. 商品包装标志主要有（　　）。

A. 运输标志　　B. 指示标志

C. 危险标志　　D. 警告标志

4. 对于处于产品生命周期衰退阶段的产品，可供选择的营销策略有（　　）。

A. 集中策略　　B. 扩张策略

C. 维持策略　　D. 竞争策略

5. 对于处于产品生命周期成熟阶段的产品，可供选择的营销策略有（　　）。

A. 开发新市场　　B. 开发新产品

C. 寻求新用户　　D. 巩固老客户

（三）判断题

1. 整体产品包含五个层次，其中最基本的层次是实体层。（　　）

2. 产品概念和产品构思只是新产品开发过程中的两个阶段，它们之间没有根本区别。（　　）

3. 品牌标志是品牌中可以用语言称呼的部分。（　　）

4. 商标是企业的无形资产。（　　）

5. 一款设计出色的产品包装，不仅可以保护产品，还可以增加商品本身的价值，进而增加企业的利润。（　　）

二、能力训练部分

（一）思维训练题

案例一：

某地区商业中心的一些品牌童装专卖店一直处于惨淡经营的状态，许多本该换季的服装，依然摆放在柜台上。都说现在的孩子金贵，孩子的生意最好做，那为何这些专卖店始终“长不大”呢？

一天，某童装厂的李厂长亲自来到商场专卖店柜台，对前来选购的家长进行了调查。家长们一致认为，现在的孩子个子长得快，但品牌童装的价格也是“见风长”，一般衣服穿了一年半载就嫌小了，花几百元买一件只能穿一两季的衣服有点不划算。李厂长还考虑到孩子是不具备完全自主意识和消费能力的消费者，品牌意识也没有成年人强，很少向父母要求买品牌服装，只要款式漂亮就行。

李厂长根据高收入人群和工薪阶层所反馈的意见与建议，狠下功夫进行式样设计，同时尽量选用一些别出心裁的面料……

改良后的服装一经上市，立刻出现了前所未有的火爆场面。李厂长再次到柜台了解情况，家长们一致反映服装款式新、料子好，孩子们喜欢，而且价格相对合理。

思考题：

1. 经过改良的品牌童装为什么会扭转销售颓势？

2. 你认为要让童装顺利进入你所在地区的市场还需要怎么做？

案例二：

某面包公司成立之初，公司高层准备选用美女图像作为公司的商标，有人建议用电影明星，有人推荐用一个不知名的小女孩。面对不同的意见，公司一时拿不定主意，于是便请来了两位心理学专家。其中一位专家认为应采用女明星，这样能够得到大众的迅速认可，而另一位专家则认为小女孩虽然暂时不一定被人熟知，也不被认可，但能给人们以愉快的联想，而且小女孩的吸引力往往是具有永久性的。

思考题：

你认为应采用哪一位专家的意见？为什么？

（二）拓展阅读题

说起"芭比娃娃"（Barbie），大家都耳熟能详，她是20世纪最广为人知、最畅销的玩偶之一，由露丝·汉德勒（Ruth Handler）发明，当时每个售价仅10美元95美分，目前该产品已经销往世界上100多个国家，总销售额达到数十亿美元，并由此衍生出一系列影视作品、小游戏及周边产品。

就是这个看似寻常的洋娃娃，竟弄得许多父母哭笑不得，因为这是一种"会吃美金"的儿童玩具。那芭比娃娃是如何"吃美金"的呢？

一天，一个叫威廉的父亲将一个价廉物美的芭比娃娃买下作为生日礼物送给女儿后，很快就忘了此事，直到有一天晚上，女儿回家对威廉说：芭比娃娃需要新衣服。原来女儿发现了附在芭比娃娃包装盒里的商品供应单，上面提醒小主人说"芭比"应该有一些属于自己的衣服。威廉想，女儿在给娃娃换穿衣服的过程中肯定会得到某种锻炼，再花点钱也是值得的，于是又去了原来那家商店，花了45美元买回了"芭比"系列装。过了一个星期，女儿又说得到了商店的提示，应该让"芭比"当空中小姐，还说一个女孩在她同伴中的地位取决于她的"芭比"有多少种身份，还含着泪说，她的"芭比"在同伴中是最没有"身份"的。看着女儿婆娑的眼泪，父亲为了满足女儿不算太过分的虚荣心，又掏钱买了一套空姐制服，接着又置备了护士、舞蹈演员等服装。这一下，威廉的钱包里又少了35美元。

然而，事情到此还没有结束。有一天，女儿又得到信息，说她可爱的“芭比”喜欢上了英俊的小伙子“欧文”。因此，不想让“芭比”失恋的女儿央求威廉买回“欧文”娃娃。望着眼含泪光的女儿，作为父亲的威廉还能说什么呢？于是，威廉又花了11美元让“芭比”与“欧文”成双成对。

“欧文”进门后，包装盒内同样附有一张商品供应单，提醒小主人别忘了给可爱的“欧文”添置衣服、浴袍、电动剃须刀等物品。没有办法，威廉只能一次又一次掏腰包了。这时，事情总该结束了吧，没有！当女儿在家眉飞色舞地宣布要给“芭比”与“欧文”举行“婚礼”时，威廉显得无可奈何。心想，当初买回“欧文”，让他与“芭比”成双成对是为了不扫女儿的兴，那现在也就没有理由拒绝女儿的愿望了。为了不给女儿留下“棒打鸳鸯”的印象，威廉只能再次破费，让女儿为婚礼“大操大办”。威廉想这下女儿应该心满意足了吧。谁知，有一天女儿又收到了商品供应单，说她的“芭比”和“欧文”已经有了爱情的结晶——“米琪”娃娃。我的天啊，怎么又冒出了个会吃美金的“第二代”洋娃娃了呀！

以上故事看似是个笑话，其实告诉了我们，芭比娃娃的经营者所采取的经营之道。试从产品组合的角度，分析芭比娃娃为什么会这样成功？

第五单元　精心定价　合利而动

第一节　本单元知识概要

一、本单元主要内容及学习要求

本单元介绍了企业定价的依据及影响企业定价的因素，阐述了企业定价的主要方法：理论定价法、成本导向定价法、需求导向定价法、竞争导向定价法等。本单元还着重对企业定价策略的内容及其运用进行了介绍。

通过本单元知识学习和能力训练，学生能够了解企业定价的依据及影响企业定价的诸多因素，理解企业定价的目标；能够掌握企业定价的基本方法，掌握企业定价策略的基本内容及其运用；能够针对不同产品，准确运用定价策略进行产品促销。

二、本单元涉及的主要专业术语

【供求关系】供求关系是指在商品经济条件下，商品供给和需求之间相互联系、相互制约的关系，它是生产和消费之间的关系在市场上的反映。在竞争占统治地位的私有制商品经济中，价值规律通过价格与价值的偏离自发地调节供求关系，当供大于求时，价格就下跌；当求大于供时，价格就上涨。

【市场占有率】市场占有率又称市场份额，是指企业的产品在市场上所占的份额，是一个企业的销售量（或销售额）在市场上同类产品中所占的比重。它直接反映企业所提供的产品或劳务对消费者的满足程度，表明企业的产品在市场上所处的地位，也反映企业对市场的控制能力。

市场占有率越高，表明企业的经营、竞争能力越强。市场占有率的不断提高，可以使企业获得某种形式的垄断，这种垄断既能带来垄断利润，又能使企业保持一定的竞争优势。

【投资收益率】投资收益率是指投资方案在达到所设计的一定生产能力后，一个正常年份的年净收益总额与方案投资总额的比率。它是评价投资方案盈利能力的静态指标，反映了投资的收益能力。当该比率明显低于企业净资产收益率时，说明其对外投资是失败的；而当该比率远高于企业净资产收益率时，则存在操纵利润的嫌疑，应进一步分析各项收益的合理性。

【企业形象】企业形象是指人们通过企业的各种标志而建立起来的对企业的总体印象，它是企业文化建设的核心。企业形象是企业精神文化的一种外在表现形式，它是社会公众与企业接触交往过程中所感受到的总体印象。

【资金周转速度】资金周转速度一般可以用资金在一定时期内的周转次数表示，也可以用资金周转一次所需的天数表示。资金周转率是反映资金周转速度的指标。企业资金（包括固定资金和流动资金）在生产经营过程中不间断地循环周转，从而使企业取得销售收入。企业用尽可能少的资金占用，取得尽可能多的销售收入，说明资金周转速度快，资金利用效果好。

【成本导向定价法】成本导向定价法是指依据产品的成本决定其销售价格的定价方法。其主要优点在于：涵盖所有成本；依据目标利润制定；广泛使用理性定价方法；易于理解和使用。其缺点在于：基于提前预估的成本制定价格，若实际生产发生改变，则会直接导致成本发生改变，或者如果企业成本高于竞争者，使用此方法会造成企业竞争力不足，因为它忽略了需求价格弹性；它对于某些企业目标，如市场渗透、对抗竞争等行为帮助有限。此方法可能会使定价策略丧失灵活性。

【盈亏平衡定价法】盈亏平衡定价法是指运用盈亏平衡定价原理来确定产品价格的方法。盈亏平衡分析的关键是确定盈亏平衡点，即企业收支相抵，利润为零时的状态。

【需求导向定价法】需求导向定价法是指根据国内外市场需求强度和消费者对产品价值的理解来制定产品销售价格的方法。这种定价方法主要考虑的是消费者可以接受的价格及在这一价格水平上的需求数量，而不是产品的成本。按照这种方法，同一产品只要需求大小不一样，就可以制定不同的价格。

【竞争导向定价法】竞争导向定价法是指企业对竞争对手的价格保持密切关注，将竞争对手的价格作为自己产品定价的主要依据的方法。其优点在于：考虑到了产品价格在市场上的竞争力。其缺点在于：过分关注价格上的竞争，容易忽略其他营销组合可能带来产品差异化的竞争优势，容易引起竞争对手的报复，导致恶性的降价竞争。

【“满意”定价策略】“满意”定价策略是指新产品投入市场一开始就以适中的、买卖双方均感合理的价格销售的策略。它是介于“撇取”定价策略与“渐取”定价策略之间的中间策略，一般适用于需求弹性适中、销售量稳定增长的产品。这种策略的优点在于：既便于吸引顾客，促进销售，又稳扎稳打，避免承担亏损风险。其缺点在于：很难掌握买卖双方都感到满意的价格水平。当买主愿意接受较高的价格而需求仍旺时，“满意”定价策略就显得保守了，该赚的利润没有赚足；而当价格定得低一些可以进一步扩大销售，以便赚取更多利润时，“满意”定价策略就显得冒进了，同样该赚的利润没有赚足。

三、本单元思维导图（图 5-1）

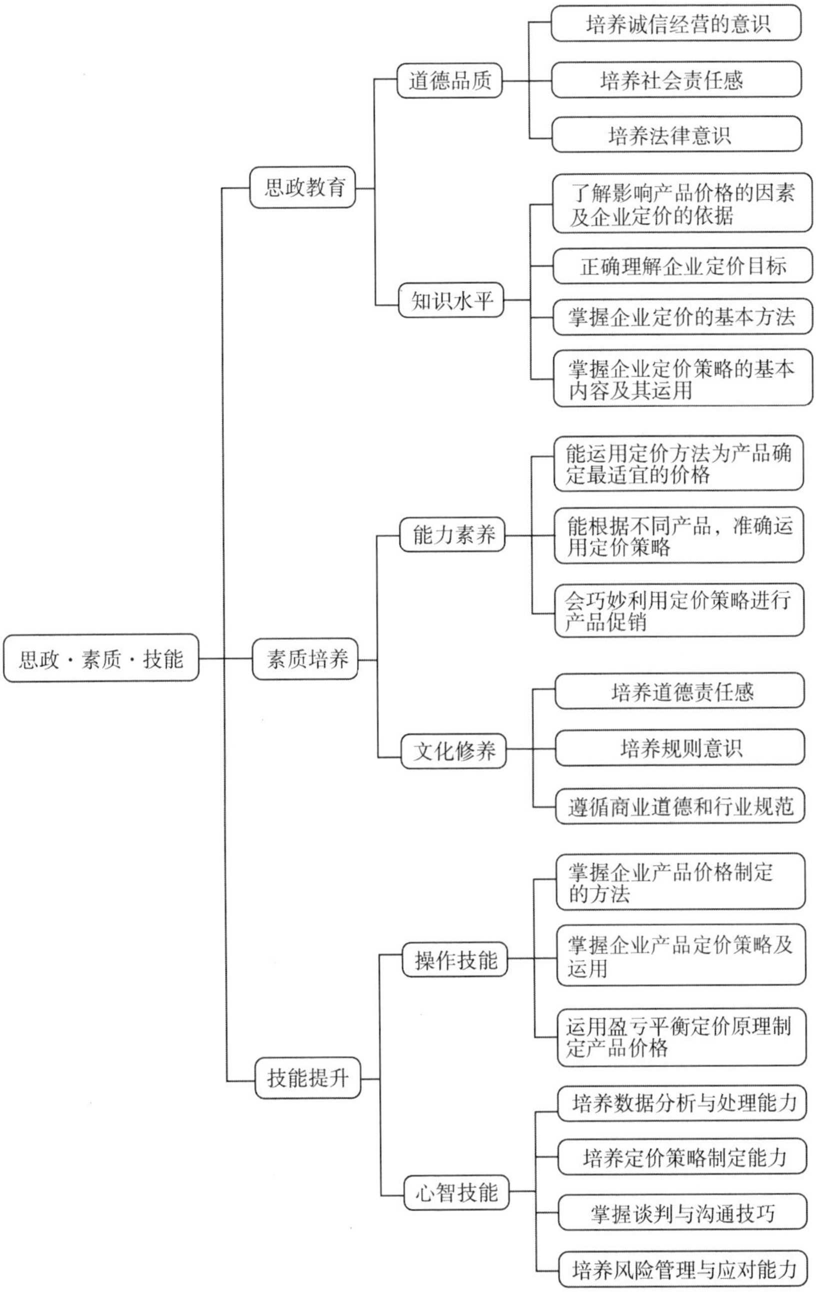

图 5-1　“精心定价　合利而动”思维导图

第二节 本单元同步训练

一、知识巩固部分

（一）单项选择题

1. 产品定价的基础是（　　）。

A. 产品价值　　B. 货币价值　　C. 供求关系　　D. 国家政策

2. 企业产品定价中最难捉摸的因素是（　　）。

A. 货币价值　　B. 国家政策　　C. 产品成本　　D. 市场状况

3. 企业产品定价的基本目的是（　　）。

A. 获得最大利润　　B. 使消费者满意

C. 符合政策要求　　D. 使价格有竞争力

4. 根据保本定价法原理，企业在定价时，要保证销售总收入（　　）销售总成本。

A. >　　B. ≥　　C. =　　D. <

5. 根据需求价格弹性理论，可以通过降低产品价格来提高其销售量，一般情况下，这种策略对（　　）效果明显。

A. 原材料　　B. 生活必需品

C. 特效药　　D. 高档化妆品

6. 使用频率高的日用品，有较高的存货周转率，适宜采取（　　）。

A. 高价策略　　B. 厚利少销策略

C. 薄利多销策略　　D. "满意"定价策略

7. 商场在节假日举办"酬宾大减价"等活动时，经常会推出一些低价的商品，以带动其他商品的销售，这种定价策略属于（　　）。

A. 满意定价法　　B. 整数定价法

C. 声望定价法　　D. 招徕定价法

8. 首先考虑满足消费者的要求和购买力，谋求建立和提高企业信誉的定价策略是（　　）。

A. 满意定价法　　B. 反向定价法

C. 习惯定价法　　D. 随行就市法

9. 下列定价方法中允许将价格定在成本以下的是（　　）。

A. 成本加成定价法　　B. 目标收益定价法

C. 边际成本定价法　　D. 声望定价法

10. 为满足人的虚荣心来确定价格的定价策略是（　　）。

A. 尾数定价法　　B. 方便定价法

C. 如意定价法　　D. 声望定价法

（二）多项选择题

1. 影响企业定价的因素主要有（　　）。

A. 产品价值　　B. 产品供求关系

C. 国家政策　　D. 企业经营愿望

2. 企业进行产品定价时的主要目标有（　　）。

A. 利润最大化　　B. 扩大产品销售

C. 预期投资收益　　D. 改善企业形象

3. 产品价格的折扣主要有（　　）。

A. 现金折扣　　B. 数量折扣

C. 季节折扣　　D. 价格折让

4. 迎合消费者求廉心理的定价策略主要有（　　）。

A. 整数定价法　　B. 尾数定价法

C. 招徕定价法　　D. 习惯定价法

5. 引起企业涨价的主要原因有（　　）。

A. 产品成本提高　　B. 产品供不应求

C. 通货膨胀　　D. 预期收益增加

（三）判断题

1. 国家经济政策对于企业定价行为的影响属于企业的不可控因素。（　　）

2. 由成本加成定价法可知，若某产品价格弹性高，则加成也应该相应较高。（　　）

3. 随行就市定价法适用于同质产品。（　　）

4. 采用竞争导向定价法是将竞争对手的价格作为自己产品定价的主要依据，定价时始终与竞争对手保持一致。（　　）

5. 采用成本导向定价法不但不会使定价策略失去灵活性，反而会增强定价策略的灵活性。（　　）

二、能力训练部分

（一）思维训练题

案例一：

一位同学的母亲在某连锁眼镜店做店长。有一天，她给我讲了那天她卖出去两副眼镜的故事。阿姨说："同样的眼镜，前后两个顾客分别以不同的价格买走了，并且还都很满意。"我问她这是为什么呢？阿姨解释道："先进店的那位顾客，我从他衣着打扮和言语间便猜出他可能是位富家子弟。于是，便以450元的价格卖给他。后进店的那位顾客，穿着朴素，我感觉他的家境一般。于是我只收了他150元就卖给了他。”我问阿姨为何同样的眼镜相差300元呢？阿姨说：“稍富裕的顾客买的是面子，若别人知道他戴的眼镜只值150元的话，他会很没有面子的，所以这个价格他能够接受。而稍穷的那个顾客买的是实惠，150元这个价格他才会接受，所以也很高兴。我这么做既心安理得地赚了钱，又让他们得到了各自想要的东西，这就是双赢啊。”

思考题：

1. 阿姨这么定价是否恰当？

2. 阿姨的定价策略是什么？

案例二：

渤健（Biogen）是美国的一家著名医药公司，该公司利用生物工程技术研制开发了一种治疗血栓病的新药TPA，其主要功能就是消除人体中的血栓。当初，该公司初步预测，市场上对TPA的需求将达到5亿美元，主要理由是：药品尤其是高效药品属于缺乏需求价格弹性的产品。因此，该公司把TPA的价格定为了每剂2 200美元的“天价”，试图以高质高价来推销自己的产品。TPA以这一价格刚投放市场销售时，由于“狂轰滥炸”的宣传，取得了一定的销售优势。但是，随着消费者逐渐熟悉这一产品，他们渐渐放弃了对该产品的使用，而选择价格远远低于该产品但疗效稍逊的溶栓酶，这种溶栓酶的价格每剂仅为200美元。

思考题：

1. 你认为TPA定价失败的根本原因是什么？

2. 如果你是公司高管，你应该如何定价？

（二）拓展阅读题

广东格兰仕集团有限公司（以下简称“格兰仕”）是中国家电行业具有广泛国际影响力的龙头企业之一。格兰仕 1992 年进军家电行业，其微波炉产品从零开始，一路迅猛发展，从中国第一逐步发展到世界第一。至 2006 年，格兰仕已连续 12 年蝉联中国微波炉市场销量及占有率第一的双项桂冠，连续 9 年蝉联微波炉出口销量和创汇双冠，成为全球最大的专业化微波炉制造商。目前，格兰仕旗下的产品主要包括微波炉、电蒸炉、蒸烤箱、微蒸烤一体机、电烤箱、空调、冰箱、洗衣机、洗碗机、电饭煲、破壁机、热水器、燃气灶、吸油烟机等，产品和服务供应到全球近 200 个国家和地区。

其实，格兰仕并不是微波炉市场的先行者，但它入市不久就开始推行总成本领先战略，并且充分利用价格策略向竞争对手发起了一轮又一轮的降价攻势，使得自己的市场占有率节节攀升，在中国家电市场的竞争中留下了一个又一个价格战的经典案例，被业界称为“价格屠夫”。

综合分析格兰仕这些年的价格策略，大致有以下几个显著特点。

1. 降价方式，主动出击

从 1996 年开始，格兰仕一次次地主动发起价格战，使中国微波炉市场充满了战争的硝烟，降价始终是格兰仕的“主旋律”。总结一下格兰仕的降价策略，主要是：要么不降价，要降就大幅度地降。所以，格兰仕每次降价的幅度，都会让消费者受到极大的震撼，这也是格兰仕降价策略运用较为成功的重要原因之一。

2. 降价手段，变化多多

格兰仕的每次降价都有所不同，有时候是全面降价，有时候只是调低某一个品种的产品价格，有时候又只是调低某一系列的产品价格。

3. 配合促销，多管齐下

格兰仕的价格调整力度大、变化多，再加上采用了强大的促销攻势和媒体宣传等，使其降价活动取得了更显著的效果。格兰仕在市场推广方面也是独树一帜，每次降价活动都配以大量的媒体宣传，让降价这件事众人皆知，效果达到最佳。2000 年 6 月，格兰仕在大幅度降价的同时，开始实行疯狂的赠送活动。例如，对价格在 500~850 元/台的“新世纪”系列实行买 1 送 8 活动，赠品价值总计 300 元左右；对价格在 800~950 元/台的“黑金刚”系列实行买 1 送 14 活动，赠品包括风扇、手表、围裙及微波炉相关用品等，价值总计 600 元左右；对价格在 1 000 元/台以上的高档微波炉更是实行了买 1 送 15 的超值活动，赠品价值达 800 元。这项活动截至当年 8 月底结束，在活动期间，每过半个月就减少一件赠品。由此可见，格兰仕把附赠品活动的作用也发挥得淋漓尽致。

从以上故事中，我们能否看出格兰仕微波炉的竞争优势主要体现在哪里？格兰仕所采取的价格策略对竞争对手会产生怎么样的影响？

第六单元　设计通路　踏雪寻梅

第一节　本单元知识概要

一、本单元主要内容及学习要求

本单元主要介绍了分销渠道的类型、策略及其选择，分析了中间商的类型及各种不同中间商的功能。企业在选择分销渠道时，必须充分考虑市场特点、产品特点、企业自身状况、内外环境因素及经济形势等因素。

通过本单元知识学习和能力训练，学生能够对影响分销渠道选择的因素有比较完整的认识和了解，能正确区分不同中间商的作用并正确选择中间商；能够通过分析市场特点、产品特点、企业自身状况、内外环境及经济形势等因素，采用恰当的分销渠道策略。

二、本单元涉及的主要专业术语

【分销渠道】分销渠道也叫销售渠道或通路，是指产品或服务从生产者流向消费者所经过的由各个中间商联结起来的整个通道。一条市场营销渠道包括某种产品供产销过程中所有的企业和个人，如资源供应商、生产者、中间商、代理商、辅助商及最后的消费者或用户。

【实体分配】实体分配是指商品实体通过储运渠道从生产者流向消费者的空间移动过程，主要包括运输、仓储、存货管理、接收装卸、加工、包装和订货等环节及其活动。实体分配是企业市场营销职能的重要组成部分，对企业营销的效益具有重要影响。有效的实体分配，必须明确其整体目标，对实体分配过程进行严密的计划、管理和控制。实体分配的整体目标是以最低的成本将既定商品在适当的时间运抵销售地点，及时为顾客提供优质服务。

【中间商】中间商是指在生产者与消费者之间参与商品交易业务、促使买卖行为发生和实现、具有法人资格的经济组织或个人。它是联结生产者与消费者的中介环节。中间商以不同的角度可分为多种类型：按是否拥有商品所有权，可分为经销商和代理商，前者是在商品买卖过程中拥有商品所有权的中间商；按其在流通过程中所起的不同作用，又可分为批发商和零售商，前者是不直接服务消费者的中间商。此外，广义的中间商还包括银行、保险公司、运输公司、进出口商人、一切经纪人等。

【经纪人】经纪人是指在买卖双方中以介绍交易而获取佣金的中间商人。

【网络营销】网络营销是指以国际互联网络为基础，利用数字化的信息和网络媒体的交互性来辅助营销目标实现的一种新型市场营销方式。简单地说，网络营销就是以互联网为主要手段，为达到一定营销目的所进行的营销活动。

三、本单元思维导图（图 6-1）

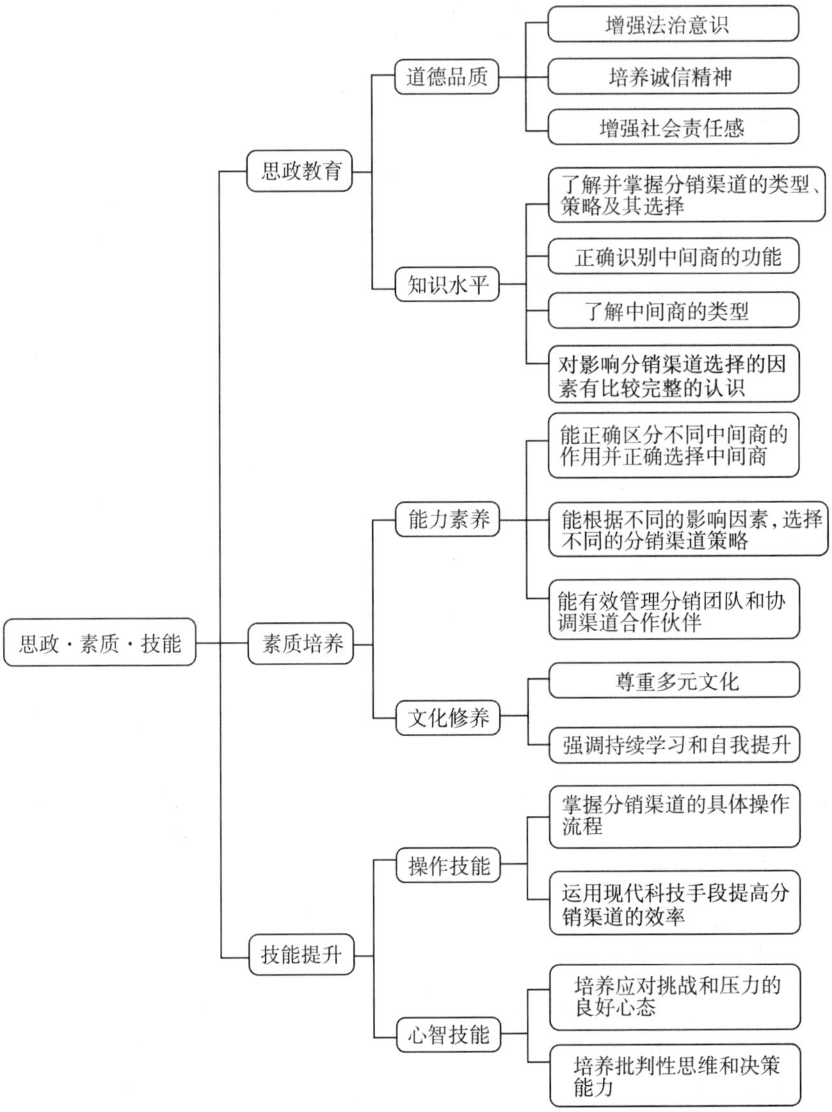

图 6-1 “设计通路 踏雪寻梅”思维导图

第二节　本单元同步训练

一、知识巩固部分

（一）单项选择题

1. 下列企业或个人不属于分销渠道的是（　　）。

A. 生产者　　B. 代理中间商

C. 供应商　　D. 商人中间商

2. 消费品中的便利品，通常采用的分销策略是（　　）。

A. 密集分销　　B. 选择分销　　C. 独家分销　　D. 企业直销

3. 产品流通过程中的经纪人和代理商，属于（　　）。

A. 中介机构　　B. 批发商　　C. 销售代理　　D. 零售商

4. “制造商—批发商—零售商—消费者”的分销渠道，属于（　　）。

A. 一级渠道　　B. 二级渠道　　C. 三级渠道　　D. 四级渠道

5. 分销渠道的起点是（　　）。

A. 生产者　　B. 批发商　　C. 代理商　　D. 中介机构

6. 短渠道的好处是（　　）。

A. 市场覆盖面广　　B. 节省流通费用

C. 市场信息反馈快　　D. 市场渗透能力强

7. 由厂商委托中间商以中间商的名义销售货物，盈亏由厂商自行负责，中间商只收取佣金报酬，这种销售方式叫作（　　）。

A. 代销　　B. 销售代理　　C. 经纪　　D. 经销

8. 厂商在某一市场区域有多家销售代理商，它们共同开发该市场，这种代理形式称为（　　）。

A. 独家代理　　B. 多家代理　　C. 佣金代理　　D. 买断代理

9. 对于经销商而言，最重要的是（　　）。

A. 客户　　B. 竞争者　　C. 政府　　D. 制造商

10. 通过帮助中间商获得更好的管理、销售方法，从而提高销售绩效的最佳方式是（　　）。

A. 直接激励　　B. 间接激励　　C. 精神激励　　D. 物质激励

（二）多项选择题

1. 下列企业和个人既属于市场营销渠道又属于分销渠道的有（　　）。

A. 供应商　　B. 消费者　　C. 辅助商　　D. 中间商

2. 企业的分销策略通常有（　　）。

A. 密集分销　B. 选择分销　C. 独家分销　D. 侧翼分销

3. 企业的运输方式主要有（　　）。

A. 铁路运输　B. 公路运输　C. 水路运输　D. 航空运输

4. 批发商的主要类型有（　　）。

A. 专业批发商　B. 经纪人和代理商

C. 商人批发商　D. 生产者销售办事处

5. 分销渠道的发展主要经历了（　　）。

A. 传统分销渠道发展　B. 水平渠道系统发展

C. 分销渠道网络化　D. 多渠道系统发展

（三）判断题

1. 分销渠道是由供应商、制造商、中间商、消费者构成的。（　　）

2. 批发商既是制造商的销售代理人，也是零售商或产业用户的购买代理人。（　　）

3. 经纪人和代理商是批发商的一种形式。（　　）

4. 批发商最主要的类型是商人批发商。（　　）

5. 在组织分销过程中，企业自建营销网络取得的效果可能要比利用中间商好。（　　）

二、能力训练部分

（一）思维训练题

案例一：

乐华（ROWA）是1982年创立的电视品牌，一度是全国领先的电视品牌。乐华于1998年研制成功中国第一台42英寸壁挂式等离子彩电及中国第一台纯平面彩电；1999年实现对欧洲、美洲、南非、大洋洲等90多个国家和地区的出口，彩电出口量居全国第一；2000年被评为“广州名牌产品”，同年销售额突破30亿元。

2001年11月以来，乐华大张旗鼓地铺设“一县一点”的销售网点，将分公司开到了各县市，在全国组建了30多个分公司、上百个销售点。但是这种做法导致了摊子过大，运营成本急剧上升，利润锐减。为了增加利润，公司高层决定对彩电实行高价政策，但此举不但没有增加销售额，反而使得市场份额迅速萎缩。

2002年4月，乐华董事长吴少章召集公司所有管理层包括各地分公司经理开会，吴少章认为，彩电销售渠道变革已经到了事关企业“生死存亡”的关键时刻。因此，进入5月后，“砍掉分公司，实行代理制”的改革在乐华集团正式启动。为了推行代理制，乐华砍掉了旗下30多个分公司和办事处；同时，对代理商也提出了更为严格的要求：必须“现款现货”。此举的目的是迅速弥补损失，并且“现款现货”可以解决以往彩电行业头痛的库存难题，资金周转速度会加快，营销费用也可以大幅度降低。但是，由此开始，乐华与中间商的矛盾迅速激化。

2002 年 9 月，各大商场里的乐华彩电就处于缺货状态，从 11 月开始，北京的国美电器、大中电器等商场相继撤销了乐华彩电专柜。与此同时，许多地方的乐华彩电维修部门已人去楼空，彩电出现问题后无人问津，由此引发了大量消费者的投诉。

思考题：

1. 乐华的营销渠道变革成功了吗？为什么？

2. 这场彩电营销变革风波给了我们怎样的启示？

案例二：

M 公司在中国市场的分销渠道策略体现了其对本土消费者需求的深刻理解与灵活适应，以下通过具体案例说明其成功之处：

1. 直营零售网络强化品牌体验

旗舰店与体验店布局：M 公司在上海、北京等一线城市开设大型旗舰店，通过沉浸式体验（如定制化服务、运动测试区）提升消费者忠诚度。截至 2023 年，M 公司在中国拥有约 800 家直营门店，覆盖高潜力城市。

下沉市场渗透：通过小型社区门店，针对二、三线城市消费者提供个性化服务，快速响应区域需求。

2. 电商渠道深度合作

天猫、京东等平台布局：M公司自2012年起与天猫合作，成为首批入驻的国际运动品牌。2022年“双十一”期间，M公司在天猫平台的销售额突破10亿元，稳居运动品类榜首。

品牌自有电商平台：推出公司APP和微信小程序，实现会员体系打通，提供独家产品（如限量鞋款）和会员福利，2023年中国区数字渠道收入占比超30%。

3. 本土化产品与营销策略

联名设计与文化融合：推出“中国新年”系列（如生肖主题鞋款）、与本土设计师合作，精准契合年轻消费者文化认同。

供应链快速响应：通过DTC（直面消费者）模式缩短生产周期，例如针对中国市场的“双十一”专属产品从设计到上架仅需45天。

4. 与本地经销商战略合作

与滔搏（Topsports）、宝胜国际合作：滔搏作为M公司最大经销商之一，运营超过7 000家门店（含M公司品牌店），覆盖低线城市，帮助M公司触达更广泛消费群体。

数据共享与库存优化：通过经销商数据反馈调整区域库存，例如在东北地区冬季加强保暖运动服饰供应。

5. 全渠道融合提升消费体验

线上下单、线下提货（BOPIS）：消费者通过APP下单后可在就近门店取货，减少物流等待时间。

数字化门店技术：部分门店引入AR试鞋、智能货架等技术，增强互动体验，提升转化率。

6. 体育营销与社群运营

签约本土运动员：与中国运动员合作，强化品牌与本土体育精神的关联。

思考题：

M公司在中国分销渠道成功的秘诀是什么？

（二）拓展阅读题

杭州娃哈哈集团有限公司（以下简称“娃哈哈集团”“娃哈哈”）创建于 1987 年，前身是杭州市上城区的一家校办企业，当初从 3 个人、14 万元借款起家。目前，娃哈哈集团已是食品饮料行业少有的集自行研发、自行设计、自行制造模具及饮料生产装备和工业机器人开发能力于一身的企业，成为中国规模最大、效益最好的饮料企业之一。截至 2023 年，娃哈哈集团在全国建有 80 多个生产基地、近 190 家子公司，拥有员工 3 万余人，企业规模和效益连续 20 年处于行业领先地位，位居中国企业 500 强。

回顾娃哈哈集团的营销渠道模式，主要经历了三个不同的阶段。

第一个阶段：与国营糖酒批发公司及其下属的二、三级批发站紧密合作，借用它们的销售渠道进行推广。由于“娃哈哈”捷足先登，它迅速在市场上抢得了先机。

第二个阶段：20 世纪 90 年代中期，随着沿海省份各种专业市场和农贸市场的兴起，再加上个体批发商以其灵活多变的经营优势，把国营糖酒批发公司原有的销售渠道网络彻底打乱，国内农村城镇市场出现了大重组。娃哈哈集团及时顺应了这一变化，率先与各地市场中的大户联手，很快编织起了一个全新的、无比灵活的市场网络。娃哈哈集团正是通过成千上万个为了有利可图便能无所不往的大小经销商，将其产品渗透到全国各地的每一个角落的。

第三个阶段：到了 21 世纪初，随着国内保健品、饮料市场的繁荣，越来越多的民营企业加入团战，它们纷纷效仿“娃哈哈”，向专业市场和农贸市场大举进军。甚至像“雪碧”“可口可乐”这样的国外知名品牌也开始把营销重心下移，在县级市场与“娃哈哈”一争高下。厂商与经销商的关系变得错综复杂，其中存在的弊端也一一显现出来：一是多头经销，公司无法控制市场；二是部分代理商、分公司等受利益驱动，让所经销的产品跨区域销售，造成价格混乱，从而使其他经销商对产品失去信心，消费者对品牌失去信任；三是一旦市场上出现暂时的滞销，就会造成恐慌性降价。针对这一系列的变化，“娃哈哈”开始淡出农贸市场，摒弃原有粗放型的营销渠道模式，开始编织自己独特的“联销体”营销网络和营销组织结构，即：总部—各省区分公司—特约一级批发商—特约二级批发商—二级批发商—三级批发商—零售终端。其运作模式是：每年开始，特约一级批发商根据各自经销额的大小打一笔预付款给娃哈哈集团，娃哈哈集团则支付与银行相当的利息。然后，每次提货前，结清上一次的货款。特约一级批发商在自己的经销范围内发展特约二级批发商与二级批发商，两者的差别是特约二级批发商打一笔预付款给特约一级批发商以争取得到更优惠的政策。

娃哈哈集团保证在一定区域内只发展一家特约一级批发商。同时，娃哈哈集团还常年派出若干销售经理和理货员帮助经销商开展各种铺货、理货和促销工作，这是一种十分独特的协作框架。从表面上看，批发商在帮娃哈哈集团卖产品，却还要先付一笔不菲的预付款给娃哈哈集团。而娃哈哈集团则“无偿”地出人、出力、出广告费，帮助批发商赚钱。对于经销商而言，它们无疑是十分喜欢娃哈哈集团这样的厂家的，一是“娃哈哈”企业大、品牌响，又有强有力的广告造势配合；二是“娃哈哈”系列产品多，综合经营的空间大，可以摊薄经营成本；三是有销售公司委派理货人员“无偿”配合，总部的各项优惠政策可以不打折扣地落实到位。相对于生产商自己“招兵买马”、全资编织市场销售网络而言，娃哈哈集团的“联销体”营销模式似乎更为经济和高效。

应该指出的是，这一营销网络体系要想支撑下去，取决于三个决定性的因素：一是娃哈哈集团必须保证向经销商提供的商品是一种大众化商品；二是娃哈哈集团必须提供给经销商一个合理的利润空间，让他们只需做好“娃哈哈”一家产品，便可以获得可观的利润，至少能够比同时经营其他家的产品产生更高的可比效益；三是娃哈哈集团必须有强有力的市场维护能力，不把市场管理和广告推广的压力转嫁给经销商。所以说，这三点是娃哈哈集团今后必须直面和解决的问题。

通过以上案例，我们能不能分析出娃哈哈集团营销渠道战略的特点？

第七单元　巧用促销　鲜招夺人

第一节　本单元知识概要

一、本单元主要内容及学习要求

本单元主要介绍了促销的含义、促销组合方式的基本内容；在人员推销上，主要介绍了人员推销的特点及人员推销策略的运用；在广告宣传上，主要介绍了广告宣传的常见类型及广告宣传策略的具体运用；在营业推广上，主要介绍了营业推广的概念、特点、形式及营销推广方案的制订与实施的运用；在公共关系宣传上，主要介绍了企业公共关系活动的方式及其在企业营销中的运用。

通过本单元知识学习和能力训练，学生能够了解促销的含义，理解促销组合方式及促销组合决策的基本内容；能够掌握促销组合策略的具体运用，学会正确选择广告媒体与测定广告效果；能够制订营业推广方案并进行具体实施；能够联系实际综合运用各种促销方式开展促销活动。

二、本单元涉及的主要专业术语

【促销】促销是指企业借助各种宣传推广方式，将产品或服务信息传递给潜在的和现有的消费者，使消费者认识产品的性能、特征，从而引起注意，激发欲望，实现购买的一系列活动。促销是产品营销的重要组成部分，促销的主要目标之一是通过扩大消费者对产品的认知度及为潜在消费者提供的优势来提高销售额。

【促销组合】促销组合是指企业在市场营销活动中有计划、有目的地把人员促销和非人员促销两大类中的人员推销、广告宣传、营业推广和公共关系宣传这些具体的促销方式结合起来综合运用，形成一个完整的最佳促销策略。促销组合是一个有机的整体，是对各种促销方式的正确选择、组合和运用。

【单向沟通】单向沟通是指一方作为信息发送者只发出信息，另一方作为信息接收者只接受信息。

【双向沟通】双向沟通是指一方既是信息的发送者，同时又是反馈信息的接收者，而另一方则既是信息的接收者，同时又是反馈信息的发送者，双方互通信息。

【“推式”策略】“推式”策略是指企业通过运用人员促销或其他各种销售推广的方式，将产品推向目标市场的策略。在促销组合方式中，人员推销和营业推广就属于“推式”策略。

【“拉式”策略】“拉式”策略是指企业通过运用广告宣传或其他一系列有效的宣传措施，将消费者的目光拉向企业，使消费者对企业产生关注，同时诱导消费者对产品产生兴趣，进而采取购买行为的策略。在促销组合方式中，广告宣传和公共关系宣传就属于“拉式”策略。

【广告四媒体】广告四媒体是指传统的广告发布与传播媒介，主要包括报纸、杂志、广播、电视。随着社会的进步和科技的发展，传统媒体受到严重的挑战，各种新型媒体不断涌现，广告媒体的形式也不再仅仅局限于上述四种媒体。

【公益性广告】公益性广告是指企业或社会团体不以营利为目的，通过向消费者阐明它对社会的功能和责任，表明自己价值追求的广告，它具有社会的效益性、主题的现实性和表现的号召性三大特点。企业参与公益广告可以借此提高企业的形象，向社会展示企业的理念。

【知名度】知名度表示一个企业或经济组织被公众知道、了解的程度。它是评价一个企业或经济组织名气大小的客观尺度，实质上反映了其社会影响的广度和深度。

【美誉度】美誉度表示一个企业或经济组织获得公众信任、好感、接纳和欢迎的程度。它是评价一个企业或经济组织声誉好坏的社会指标，侧重从“质”的角度进行评价，即公众对企业或经济组织的信任和赞美程度。美誉度不等于知名度。

三、本单元思维导图（图 7-1）

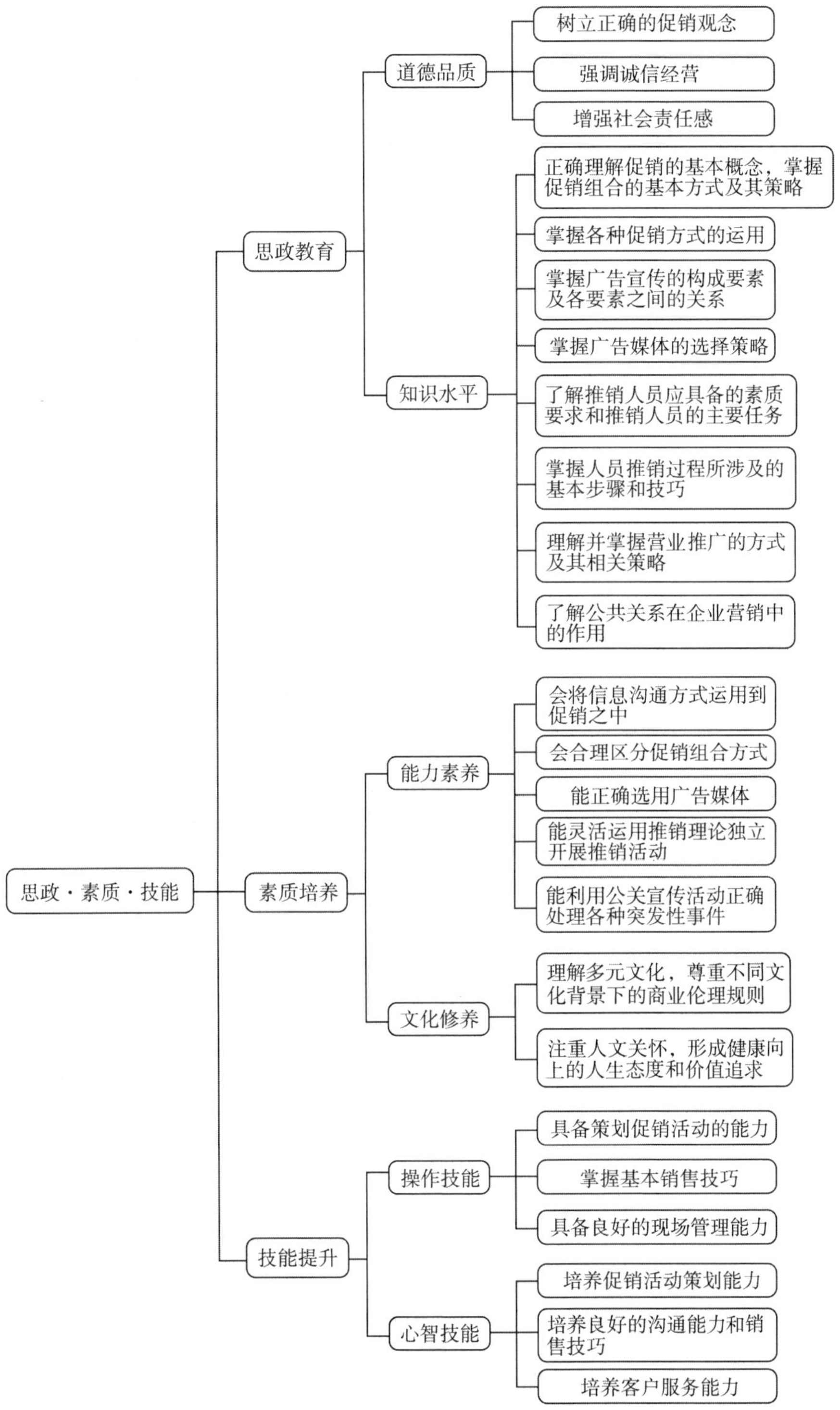

图 7-1　“巧用促销　鲜招夺人”思维导图

第二节 本单元同步训练

一、知识巩固部分

（一）单项选择题

1. 日用消费品在市场导入阶段，促销效果最佳的方式是（　　）。

A. 广告宣传　　B. 人员推销

C. 营业推广　　D. 公共关系宣传

2. “拉式”策略的主要促销对象是（　　）。

A. 批发商　　B. 零售商　　C. 消费者　　D. 中间商

3. 通过刺激，得到反应、引发兴趣、实现购买的促销策略属于（　　）。

A. 试探性策略　　B. 诱导性策略

C. 针对性策略　　D. “推式”策略

4. 以消费者为对象，进行营业推广的方式主要是（　　）。

A. 举办展览会　　B. 开展现场展销

C. 实行购买折扣　　D. 提供免费旅游

5. 企业设立产品销售网点，进行网点推销属于（　　）。

A. 试探性策略　　B. “拉式”策略

C. 针对性策略　　D. “推式”策略

6. 推销的起点是（　　）。

A. 寻找顾客　　B. 了解顾客

C. 接近顾客　　D. 约见顾客

7. 在推销过程中，约见既是接近的前奏，也是（　　）的开始。

A. 接近　　B. 拜访　　C. 说服　　D. 洽谈

8. 针对顾客抱怨企业推销的产品“太贵了”，推销人员应采用（　　）进行处理。

A. 反驳法　　B. 太极法　　C. 比较法　　D. 化小法

9. 一个成功的广告，其主要部分必须容易被（　　）。

A. 记忆　　B. 联想　　C. 注意　　D. 感觉

10.（　　）是广告的主体部分，用以表现广告的主题。

A. 广告标题　　B. 广告图片

C. 广告附文　　D. 广告正文

（二）多项选择题

1. 信息沟通的方式主要有（　　）。

A. 单向沟通　　B. 横向沟通　　C. 双向沟通　　D. 纵向沟通

2. 常见的促销方式主要有（　　）。

A. 营业推广　　B. 广告宣传

C. 人员推销　　D. 公共关系宣传

3. 下列属于营销推广的特征有（　　）。

A. 短期性　　B. 迂回性　　C. 诱导性　　D. 战术性

4. 企业进行人员推销活动的基本策略有（　　）。

A. 试探性策略　　B. 诱导性策略

C. 针对性策略　　D. "拉式"策略

5. 在广告宣传中，常用的传统"四媒体"是指（　　）。

A. 电视　　B. 广播　　C. 报纸　　D. 杂志

（三）判断题

1. 广告宣传属于一种间接进行的销售或服务活动。（　　）

2. 针对性策略又称"刺激—反应"策略，即通过刺激，得到反应，引发兴趣，实现购买的策略。（　　）

3. 对于处在畅销期的产品，一般可以适当运用广告宣传的促销方式。（　　）

4. 对于消费者相对集中的特定区域，采取以人员推销为主的"推式"策略效果会更好。（　　）

5. 广告按性质不同可分为经济广告、文化广告、形象广告和社会广告。（　　）

二、能力训练部分

（一）思维训练题

案例一：

南京长江机器制造厂是一家刚转产民用产品的前军工企业，他们开始生产"蝙蝠"电扇是1980年的事情。那个时候全国已经有了3 400家电扇生产厂家，市场竞争已经很激烈。作为一家军工企业，南京长江机器制造厂有很严格的财务制度，不允许对商店和营业员费用"打点"，甚至因为军工企业还有保密制度，他们连新闻宣传和做广告的概念也没有。这家厂的销售人员虽然也拎着"蝙蝠"电扇跑了一些商场，但是大多被拒之门外，一时间，"蝙蝠"电扇的销售也几乎可以用"无人问津"来形容。

1981年4月，他们设计了一个别开生面的广告。他们把3台"蝙蝠"电扇的实物摆到了南京闹市区的新街口百货商场的橱窗中，产品下面还用醒目的字体写着："从4月1日起开始运转，请您算一算，到今天共运转了多少小时？"这几台电扇一直运行到这年的9月16日，这一天，新街口百货商店的人和“蝙蝠”电扇的制造厂家长江机器制造厂一起对这3台已经运行了4 050小时的电扇进行了质量测试，居然一切正常，它们表面外壳和铁芯的温度分别小于15℃和35℃，轴磨损只有一根头发丝的2%。由此，消费者对“蝙蝠”电扇的质量深信不疑，其销售量也一路飙升。

其实，在南京新街口百货商店摆放出3台“蝙蝠”电扇做宣传的同时，他们就制定好了全国性的推广策略。即“蝙蝠”电扇以南京为中心，在全国选择了北京、天津等15个城市作为重点市场，每个市场选择一家大商店，进行“蝙蝠”电扇昼夜连续运转的橱窗展示。按照全国布成的网络，形成以点带面、以中心城市辐射中小城市的布局，扩大产品的影响力并且拓展市场。

1984年“蝙蝠”电扇经国家轻工部推荐，参加了保加利亚普罗夫迪夫国际博览会，一举夺得了金奖，为我国家用电器实现了“零”的突破。

思考题：

1.“蝙蝠”电扇成功的秘诀是什么？

2. 如何看待“蝙蝠”电扇的实物演示活动？

案例二：

2009 年 11 月 11 日，淘宝商城（天猫）举办了大型促销活动，这就是“双 11”购物狂欢节的由来。当时参与的商家数量和促销力度均非常有限，但实际营业额远超预想，从此以后，每年的 11 月 11 日便成为各大电商平台举办大规模网上购物促销活动的固定日期。

曾经每年一度的“双 11”，是中国消费者期待的购物狂欢节。“双 11”之前的几个星期，各大电商平台纷纷做起节前动员，电子宣传单像雪花一样飞向网民的电子邮箱，各大网站、电视频频出现它们的广告，可谓在节日前做出了充分的动员。于是，11 月 11 日前的几天，很多热衷于网上购物的网民早早选定了要抢购的商品，很多人还到就近的商场看了现货、问了价格，把他们最终确定要抢购的商品添加到他们电脑、手机的收藏夹里，11 月 10 日 23 点以后很多网民手捧着手机或守在电脑旁，11 月 11 日 0 点一到，网民们便开始疯狂抢购。

自从“双 11”网上购物促销活动举办以来，各大网站都取得了不错的成绩，2023 年，天猫、京东、拼多多等综合电商平台公布了“双 11”数据，全网成交额竟然达到了 9 235 亿元！这个数字不容小觑，创下了历史新高。但同时，电商市场也出现了一些冷清的迹象。虽然成交额数量庞大，但是并没有出现以往争相抢购的火爆场面。产品滞销、库存积压、物流瓶颈等问题让这个购物狂欢节显得有些平淡无奇。究其原因，不外乎有三：一是各大电商平台不断推陈出新，竞相打造各种促销活动。消费者已经麻木于这种过度营销，对电商平台的热情逐渐冷却，失去了当初的新鲜感。二是消费者盲目追求低价的心理在逐渐扭转，买东西不仅仅是为了买便宜货，人们开始更加注重产品的质量、服务的质量和售后保障。三是电商市场持续的负面新闻也在引发消费者的警觉，虚假广告、售假商品、物流延迟等问题给消费者留下了不好的印象，这些负面事件使得消费者开始对电商平台产生疑虑，并选择更加谨慎地购物。

思考题：

1.“双 11”的“热”与“冷”给了我们怎样的启示？

2. 如何看待消费狂欢“退烧”的现象？

（二）拓展阅读题

福建七匹狼实业股份有限公司（以下简称“七匹狼公司”）是一家成立于1990年的服装企业。从2000年开始，“七匹狼”服装在中国休闲男装市场上销售量和占有率屡居第一，是率先在国内引入特许经营专卖的品牌服装之一。2002年，“七匹狼”商标荣获“中国驰名商标”称号。多年来，“七匹狼”服装不仅风靡国内各地，还在欧美30多个国家长盛不衰。七匹狼公司发展壮大后，十分注意丰富“七匹狼”品牌的文化内涵，从中塑造“七匹狼”品牌的国际形象。

2003年，七匹狼公司与西班牙皇家马德里足球俱乐部（以下简称“皇马”）结下了“不解之缘”。当年的“皇马中国行”取得了空前成功。“七匹狼”成为2003年“皇马中国行”的指定服装赞助商，并获得了“皇马”球员贝克汉姆、罗纳尔多、齐达内、劳尔和菲戈等球星集体肖像的使用权及产品开发权。一时间，七匹狼公司“相信自己、相信伙伴”的广告旋风席卷全国。

两年后的2005年，“皇马”开始了第二次中国行，仍以服装赞助商出场的七匹狼公司出资300万元与北京高德体育文化股份有限公司签订协议，邀请“皇马”全队在北京昆仑饭店出席新闻发布会。为此，七匹狼公司早早租下了酒店最大的会场并做了精心准备。可结果是等待两小时，仍不见“皇马”球员的影子，组织方只好对外宣布新闻发布会取消。七匹狼公司不仅蒙受了经济上的损失，更重要的是早已为此次活动进行了大量宣传。

而就在同一天，“吉列”迎来了自己的形象代言人贝克汉姆，“奥迪”迎来了罗纳尔多与菲戈；第二天，“阿迪达斯”的活动也成功请到了贝克汉姆等众多球星，“皇马”的七位球星身着“阿迪达斯”运动服出场参加活动。在整个活动中，他们竟然没有穿“七匹狼”品牌的休闲装。这样的结果无异于狠狠地给了七匹狼公司一记耳光。

此外，与2003年相比，这次七匹狼公司选择了一个很不适当的赞助时机。2003

年“皇马”球星是顶着“欧洲冠军”的光环来到中国的，让疯狂的中国球迷着实兴奋不已。而2004—2005赛季的“皇马”，因三度换帅成绩下滑，人气大跌，加上前后有“曼联”“巴塞罗那”等球队来中国串场，更稀释了大家对“皇马”的关注热情。如此一来，七匹狼公司的赞助效果也就大打折扣。

七匹狼公司通过先后两次“皇马中国行”开展体育营销活动分别带给我们怎样的启示？请结合2024年巴黎奥运会上的体育营销现象，分析企业应该如何将体育文化、品牌文化和企业文化有机融合。

第八单元 规划未来 未雨绸缪

第一节 本单元知识概要

一、本单元主要内容及学习要求

本单元主要介绍了企业营销战略的概念、特点及营销战略的不同类型；分析了影响企业营销战略的因素；同时，还着重结合企业战略规划的具体流程，介绍了 SWOT 分析法及其运用，从而为企业确立战略目标奠定基础。在企业营销竞争战略的实施过程中，详细阐述了企业竞争的各种姿态及竞争策略的具体运用。

通过本单元知识学习和能力训练，学生能够了解企业营销战略的概念与特点，理解营销战略的不同类型；掌握企业战略规划的具体制订和实施流程；学会运用 SWOT 分析法进行营销战略分析和战略目标确立；能够活学活用企业的各种竞争策略。

二、本单元涉及的主要专业术语

【营销计划】营销计划是一个详细的书面陈述，定义预算内的目标市场、营销活动、责任、时间表和要用的资源。绝大多数营销计划是以年为单位的。

【战略规划】战略规划是指依据企业外部环境和自身条件的状况及其变化来制定和实施战略，并根据对实施过程与结果的评价和反馈来调整、制定新战略的过程。

【企业战略】企业战略是指企业为谋求生存与发展而做出的事关企业整体性、长期性、基本性的重大决定和计划方案。企业战略是对企业各种战略的统称，其中既包括竞争战略，也包括营销战略、发展战略、品牌战略、技术开发战略、人才开发战略、资源开发战略等。

【稳定型战略】稳定型战略是指在内外环境的约束下，企业准备在战略规划期使企业的资源分配与经营状况基本保持在目前状态和水平上的战略。按照稳定型战略，企业的经营方向、经营的产品、面向的市场领域、产销规模和市场地位等都大致不变或以较小的幅度变化。

【增长型战略】增长型战略又称发展型战略或扩张型战略。它将发展作为企业经营的核心内容，引导企业不断开发新产品、开拓新市场、采用新的生产方式和管理方式，以便扩大企业的产销规模，提高企业的竞争地位，增强企业的竞争实力。

【紧缩型战略】紧缩型战略是指在外部环境对企业不利（如经济衰退、萧条期间）或者企业面临严重的困难（如财务危机）时所采取的从目前的战略经营领域收缩和撤退，且偏离战略起点较大的一种经营战略。实施紧缩型战略的目的是渡过危机，等待时机东山再起。因此，紧缩型战略具有暂时性和短期性。

【多角化增长战略】多角化增长战略又称多元化战略，是指在原有业务没有更好的发展机会时，企业通过创建新工厂或收购其他企业，经营与企业原有业务无关或关联较小的业务。

【一体化增长战略】一体化增长战略是指停留在原有价值链内，进入新的角色或过程，或是为了保证对整体过程的更大控制，或是为了取得扩展。企业发展到一定程度，企业所属的行业属于增长潜力大、具有吸引力的行业，在供产、产销方面合并后更有利益，便可考虑采取一体化增长战略，以增加新业务，提高盈利能力。

【SWOT 分析法】SWOT 分析法就是将与研究对象密切相关的各种主要内部优势、劣势和外部机会、威胁等，通过调查列举出来，并依照矩阵形式排列，然后用系统分析的思想，把各种因素匹配起来加以分析，从中得出一系列相应的结论，而结论通常带有一定的决策性。运用这种方法，可以对研究对象所处的情景进行全面、系统、准确的研究，从而根据研究结果制定相应的发展战略、计划及对策等。SWOT 分析法常常被用于制定集团发展战略和分析竞争对手情况，在战略分析中，它是最常用的方法之一。

【市场领先者】市场领先者是指在相关产品的市场上市场占有率最高的企业。它在价格调整、新产品开发、配销覆盖和促销力量等方面处于主导地位。

【市场挑战者】市场挑战者是指那些相对于市场领先者来说在行业中处于第二、第三和以后位次的企业。处于次要地位的企业如果选择“挑战”战略，向市场领先者发起挑战，首先必须确定自己的策略目标和挑战对象，然后选择适当的进攻策略。

【市场跟随者】市场跟随者是指安于次要地位，不热衷于挑战的企业。在大多数情况下，企业更愿意采取市场跟随者战略。市场跟随者的主要特征是安于次要地位，在“和平共处”的状态下求得尽可能多的收益。

【市场补缺者】市场补缺者是指那些选择不大可能引起大企业兴趣的市场的某一部分进行专业化经营的小企业。这些企业为了避免同大企业发生冲突，往往占据着市场的小角落。它们通过专业化的服务来占领可能被大企业忽视或放弃的市场，进行有效的服务。

三、本单元思维导图（图 8-1）

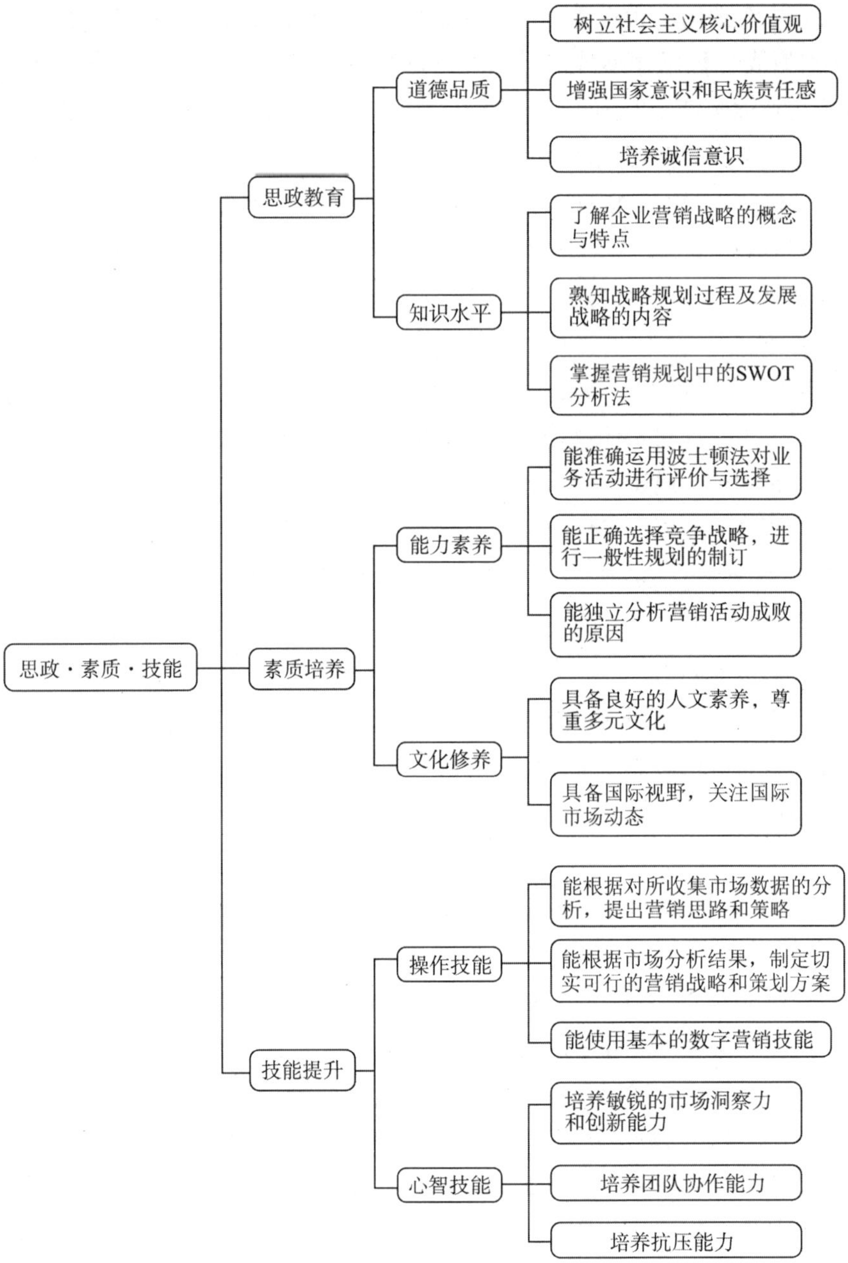

图 8-1　“规划未来　未雨绸缪”思维导图

第二节　本单元同步训练

一、知识巩固部分

（一）单项选择题

1. 处于市场挑战者地位的企业会采取各种进攻战略，最间接的进攻战略是（　　）。

A. 侧翼进攻　　B. 围堵进攻

C. 游击进攻　　D. 迂回进攻

2. 在 SWOT 分析中，当企业处于（　　）时，应当采取多种经营战略。

A. 优势，机会　　B. 劣势，机会

C. 优势，威胁　　D. 劣势，威胁

3. 在波士顿矩阵法中，对各类产品应该采取（　　）战略方针。

A. 放弃　　B. 保持　　C. 收缩　　D. 扩张

4. 根据企业在市场上的竞争地位，行业中的小企业一般宜充当（　　）。

A. 市场主导者　　B. 市场挑战者

C. 市场跟随者　　D. 市场补缺者

5. 进入壁垒高和退出壁垒高对产业获利能力的影响表现为（　　）。

A. 稳定的高利润　　B. 稳定的低利润

C. 高利润、高风险　　D. 低利润、低风险

6. 企业竞争优势的根基是（　　）。

A. 财务能力　　B. 核心竞争力

C. 营销能力　　D. 科技能力

7. 集中化战略一般有两种变化形式，一种是低成本集中化，另一种是（　　）。

A. 差异性集中化　　B. 顾客集中化

C. 产品线集中化　　D. 地区集中化

8. 下列属于动态竞争战略的是（　　）。

A. 成本领先战略　　B. 进攻战略

C. 差异化战略　　D. 集中战略

9. 一家钢铁公司并购一家计算机公司属于（　　）。

A. 横向并购　　B. 外向并购

C. 纵向并购　　D. 混合并购

10. 企业为完成其战略使命与目标而执行达到战略目标的战略计划，并将战略计划付诸实际行动的过程称为（　　）。

A. 企业战略行动　　B. 企业战略定位

C. 企业战略制定　　D. 企业战略实施

（二）多项选择题

1. 企业战略是指企业为谋求生存与发展而做出的重大决定和计划方案，它具有（　　）。

A. 全局性　　B. 长期性

C. 方向性　　D. 外部性

2. 在一些规模较大的企业中，企业战略通常划分为三个层次，即（　　）。

A. 企业层次　　B. 职能层次

C. 部门层次　　D. 班组层次

3. 企业战略一般可以分为（　　）。

A. 稳定型战略　　B. 增长型战略

C. 紧缩型战略　　D. 混合型战略

4. 战略管理理论的演变经历了（　　）。

A. 长期规划时代　　B. 战略规划时代

C. 谋划时代　　D. 战略管理时代

5. 战略管理的过程包括（　　）。

A. 战略分析　　B. 战略选择

C. 战略实施　　D. 战略计划

（三）判断题

1. 企业对经营中的变化和风险的态度，通常取决于高层管理的方法。（　　）

2. 市场营销战略策划是企业开展市场营销活动时的一种短期性策划。（　　）

3. 战略营销的创造性贯穿市场营销分析、规划、执行、激励和控制的全过程，只有创造才能形成与众不同的差别，或是功能齐全，或是成本低廉，或是独辟蹊径。（　　）

4. 实施差异化战略，可以培养用户对品牌的忠诚。（　　）

5. 市场营销战略是指企业在谋划和组织营销管理实践活动时所依据的指导思想与行为准则。（　　）

二、能力训练部分

（一）思维训练题

案例一：

A 公司和 B 公司是 20 世纪 90 年代初在深圳证券交易所同期上市的两家公司，它们都是以房地产起家，又同时走上了多元化经营之路。

刚上市的两年，两家公司都得到了飞速的发展，营业收入均超过 10 亿元，利税均超过 1 亿元。它们的营业范围也不断扩大，走上了一条以房地产为主的多元化经营之路。

但到了 1993 年，国家通过宏观调控政策，实行紧缩银根、控制信贷规模等措施来抑制经济过热现象。房地产行业首当其冲。这个时候，A 公司和 B 公司面临同样的外部环境，内部因素也相差无几，但它们做出了不同的战略选择。

A 公司力主“以房地产为核心业务，重点发展城市居民住宅，对发展潜力较小的项目进行重组或转让，以集中资源”。而 B 公司提出了“继续多元化、集团化、现代化，朝着跨国公司的目标迈进”。于是，我们看到了 A 公司战略性收缩和 B 公司战略性扩张的不同。1997 年，B 公司接连收购了青海水泥厂和林州火电厂，作为主营业务的房地产却更加萎缩。扩张没有给 B 公司带来跨国公司的巨变，相反使 B 公司出现了巨额的亏损，最终导致 B 公司成了因连续三年亏损等而被暂停上市的公司。而这时的 A 公司稳居中国地产界龙头，实现了企业的加速发展。

思考题：

1. 曾经同为中国房地产行业的巨头，为什么最终 A 公司和 B 公司的命运会不同？

2. 企业的战略与企业的发展有怎样的关系？万科的成功经验对我们有什么样的启示？

案例二：

大连万达集团股份有限公司（简称“万达集团”）自1988年成立以来，其发展战略历经多次调整，可分为四个阶段：

1. 初创期（1988—1999年）：住宅地产奠定基础

以大连为起点，专注住宅开发，通过“旧城改造”模式快速积累资本，1994年成为东北首批股份制房企之一。此阶段注重标准化建设和成本控制，为后续扩张奠定基础。

2. 全国扩张期（2000—2012年）：商业地产引领转型

2001年长春首个万达广场落地，形成“住宅+商业”双轮驱动。通过政企合作，低价获取核心地块，快速复制标准化产品，2012年万达广场突破80座。同步布局文化产业（2005年万达院线成立）和酒店业，开启多元化。

3. 国际化阶段（2013—2017年）：全球并购与文旅布局

此阶段，万达集团斥资超200亿美元海外扩张，收购AMC影院（2012年）、盈方体育（2015年）、传奇影业（2016年）等，构建影视—体育—文旅产业链。国内打造长白山、青岛东方影都等文旅项目，意图打造全球文化品牌。但激进扩张导致负债压力，2017年政策调控后被迫出售部分资产。

4. 轻资产转型期（2018年至今）：去地产化与运营赋能

此阶段，万达集团剥离地产重资产（2017年出售文旅、酒店项目给融创、富力)，聚焦商业运营、影视、体育等轻资产领域。2023 年，旗下万达商业管理集团管理万达广场 494 个，轻资产占比超 80%。

思考题：

1. 请思考万达集团的战略演变逻辑。

2. 万达集团的发展历程对你有什么样的启示？

（二）拓展阅读题

英荷皇家壳牌集团（以下简称“壳牌公司”）是世界著名的大型跨国石油公司，成立于1907年，一直由皇家荷兰石油公司占60%的股份，英国壳牌运输和贸易公司占40%的股份。两家母公司均为上市公司，皇家荷兰石油公司在阿姆斯特丹、伦敦、纽约、苏黎世等9个城市挂牌上市，英国壳牌运输和贸易公司在伦敦、纽约、巴黎等5个城市挂牌上市。壳牌公司主要从事石油上下游及化工业务，总部分设在荷兰海牙和英国伦敦。

壳牌公司的组织结构是既按业务划分，又按地区与职能进行划分，用矩阵式管理方法对全球业务进行组织管理。从功能来看，荷兰海牙的公司侧重技术性服务，英国伦敦的公司侧重商业性服务。为了便于地区协调，服务公司还按地区划分，设立了5个协调局，即亚太、西欧、独联体和东欧、西半球和非洲、远东和南亚。

20世纪50年代以来，壳牌公司一直以矩阵结构进行运营，该结构是由擅长组织结构设计的美国麦肯锡管理咨询公司为其量身打造的。在此矩阵结构下，每一个营销公司的主管必须向两个上司汇报，一个上司是负责营运公司所在地区或国家的领导者，另一个上司则是负责营运公司所从事经济业务的领导者。例如，澳大利亚壳牌化工公司的主管既要向壳牌澳大利亚公司的上司汇报，同时也要向驻伦敦的壳牌化工总公司的上司汇报。这种矩阵结构有两个十分显著的效果。首先，每个营运公司都要满足向两个上司汇报的要求。因此，通常要经过达成共识的方式来进行决策，即当两个上司意见相左的时候，可以通过辩论方式达成共识。虽然这个流程既慢又不灵活，但在石油业是非常实用的，因为石油业的大部分重大决策都是涉及大笔资金开销的长期决策，不同观点之间的辩论可以分清楚问题的正反两面，而不会阻碍决策。其次，由于决策过程缓慢，只有最重要的决策（如新资本的投入）才需要通过这种流程，其结果保证了营运公司的负责人享有充分的经营自主权。这种分权有助于壳牌公司灵活应对当地政府的管制，以及竞争环境的变化和消费者偏好的不同。

这种矩阵结构看似十分理想，但是壳牌公司在1995年决定放弃矩阵结构，主要理由是：石油的需求长期低迷，油价持续疲软，给公司的利润造成了很大的压力。面对如此严峻的形势，壳牌公司管理高层认为，必须降低营运成本，而降低营运成本就需要大幅度削减总部办公室的间接费用，如果有必要的话，还应撤除各国的一些重复设备。

为了实现这些目标，壳牌公司管理高层决定按产品大类对公司进行重组，就是将壳牌公司的所有业务按内容不同设立分部，在全球设立勘探与生产、石油产品、化工产品、天然气和煤炭五个产品分部，每个营运公司向最相关的全球分部汇报。这样，澳大利亚壳牌化工公司就可以直接向全球化工产品分部汇报。这样做的好处在于：一方面可以增加全球化工产品分部的权力，使该分部可以撤除各国不必要的重复设备，最终生产可以集中在规模更大的工厂，使其服务于整个地区，而不是单个国家；另一方面也可以使壳牌公司实现更大的规模经济。

通过上述案例，我们可以看出壳牌公司的矩阵结构具有哪些优缺点？市场环境的变化对壳牌公司的营运情况产生了哪些影响？壳牌公司的组织结构与发展战略有什么样的联系？

第九单元　运筹帷幄　决胜千里

第一节　本单元知识概要

一、本单元主要内容及学习要求

本单元主要介绍了市场营销计划的概念、特点及分类，同时还着重介绍了市场营销计划编制的程序与方法。在企业市场营销计划实施过程中，详细阐述了企业市场营销的组织架构及对企业市场营销活动的控制。

通过本单元知识学习和能力训练，学生能够了解市场营销计划的概念与特点；能够掌握市场营销计划的分类及其编制程序；能够学会市场营销计划编制的方法；能够正确编制市场营销计划。

二、本单元涉及的主要专业术语

【市场营销计划】市场营销计划是指企业在研究行业潜力、市场营销状况的基础上，通过分析企业所面临的主要机会与威胁、优势与劣势及存在的问题，对企业财务目标与市场营销目标、市场营销战略、市场营销行动方案及预计损益表进行确定和控制的一种方案。市场营销计划是企业商业计划的一部分。

【战略营销计划】战略营销计划是在分析当前市场环境和机会的基础上，描绘范围较广的市场营销目标和战略，即选择目标市场。这一过程通过分析市场、细分市场和评估竞争对手的产品等来设计与制定有效应对市场环境变化的战略。

【战术营销计划】战术营销计划是指企业在实施特定的营销战略时所明确的短期行动和实施细则，它使得战略营销计划得以展开并变得具有可操作性。

【目标管理】目标管理是以目标为导向，以人为中心，以成果为标准，使组织和个人取得最佳业绩的现代管理方法。它也是一种把个人需求和组织目标结合起来的管理方法。它能够调动组织员工的主动性、创造性和积极性，将个人利益和组织利益紧密联系起来，因而能鼓舞士气，极大地激励组织人员为实现目标而努力，具有很好的激励功能。

【市场营销组织】市场营销组织是企业为了实现经营目标，发挥市场营销职能，由从事市场营销活动的各个部门及其人员所构成的一个有机体系。在现代市场经济条件下，企业从事市场营销活动，实施市场营销战略和策略，都离不开有效的市场营销组织。健全、有效的市场营销组织是实现企业营销目标的可靠保证。

【市场营销控制】市场营销控制是指市场营销管理者通过对市场营销计划执行情况的监督和检查，发现并提出计划实施过程中的缺点和错误，提出竞争和防止重犯错误的对策建议，以保证营销战略目标的实现。

【市场营销审计】市场营销审计是对一个企业的市场营销环境、目标、战略、组织、方法、程序和业务等做综合的、系统的、独立的和定期的核查，以便确定困难所在和各项机会，并提出行动计划的建议，以改进市场营销管理效果。

【年度计划控制】年度计划控制是指企业在本年度内采取控制步骤，检查实际绩效与计划绩效之间是否存在偏差，若存在偏差，则采取改进控制，以确保市场营销计划的实现与完成。实施年度计划控制是非常重要的。

【盈利能力控制】盈利能力控制是指企业通过衡量不同产品、地区、顾客群、分销渠道和订单规模等方面的获利能力，帮助管理者决定哪些产品或营销活动应该扩大、收缩或取消。

【效率控制】效率控制是指企业不断寻求更有效的方法来管理销售队伍、广告、促销和分销等方面绩效不佳的营销实体活动。效率控制的目的是提高销售人员推销、广告、促销和分销等市场营销活动的效率。

三、本单元思维导图（图 9-1）

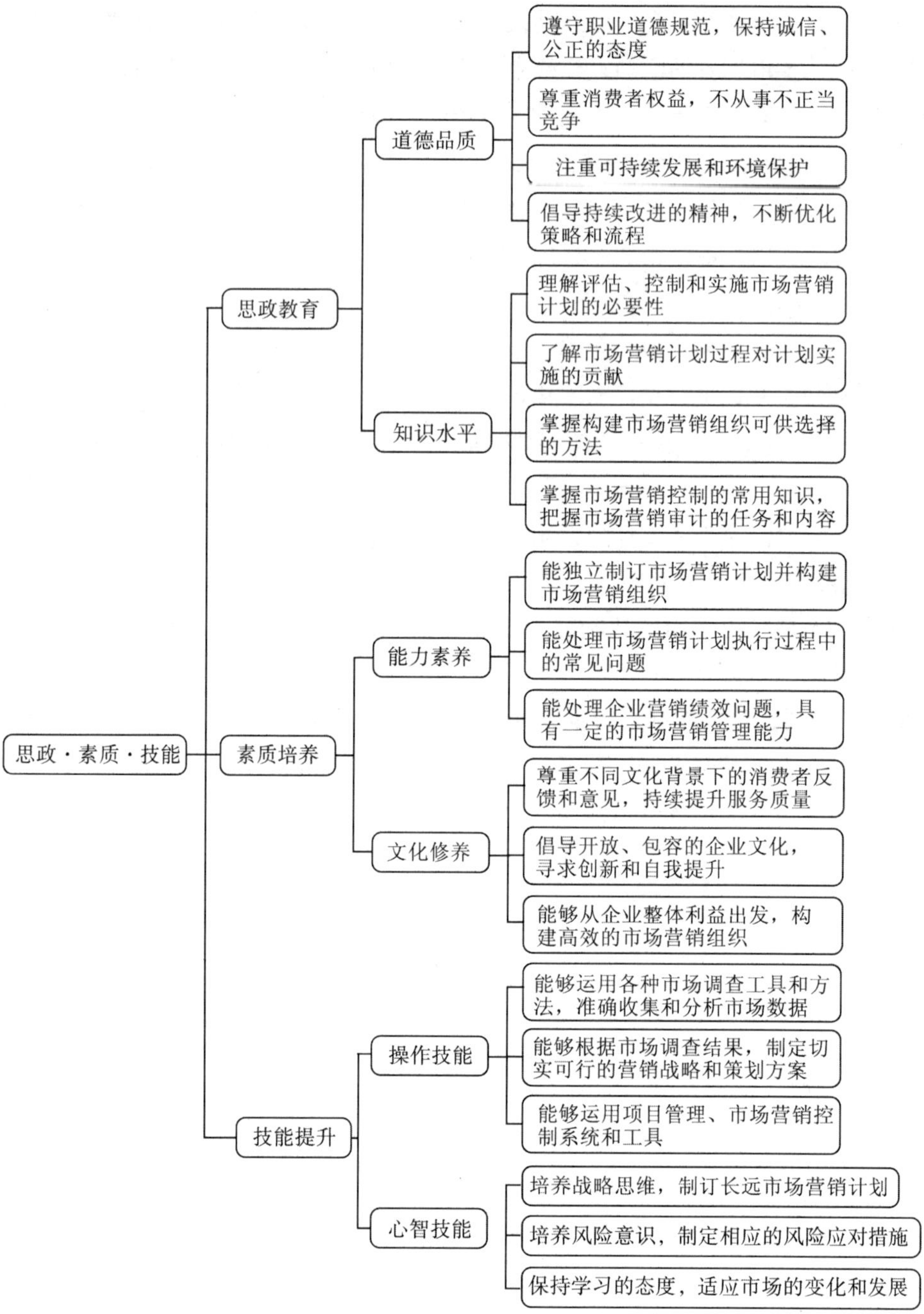

图 9-1 “运筹帷幄　决胜千里”思维导图

第二节　本单元同步训练

一、知识巩固部分

（一）单项选择题

1. 时间涵盖 2 年的市场营销计划，一般称为（　　）。

A. 战略营销计划　　B. 短期营销计划

C. 中期营销计划　　D. 长期营销计划

2. 战术营销计划属于按（　　）来划分的计划。

A. 计划的制订层次　　B. 计划的时间跨度

C. 计划的涉及范围　　D. 计划的取得成效

3. 专项营销计划属于按（　　）来划分的计划。

A. 计划的制订层次　　B. 计划的时间跨度

C. 计划的涉及范围　　D. 计划的取得成效

4.（　　）的本质实际上是营销管理，是一种对以客户为导向的企业营销管理的系统工程。

A. 银行信息管理　　B. 企业管理

C. 客户关系管理　　D. 业务支持

5. 下列不属于营销现状分析内容的是（　　）。

A. 市场状况　　B. 产品状况

C. 竞争状况　　D. 广告状况

6. 下列属于销售预测的定量分析法的是（　　）。

A. 人员判断法　　B. 趋势预测分析法

C. 专家判断法　　D. 产品寿命周期分析法

7. 存货周转率提高意味着（　　）。

A. 流动比率提高　　B. 短期偿债能力增强

C. 现金比率提高　　D. 存货管理水平提高

8. 按照地理区域设置市场营销机构的市场营销组织类型是（　　）。

A. 职能型组织　　B. 产品型组织

C. 市场型组织　　D. 地理型组织

9. 在市场营销组织机构的模式中，根据顾客的类别来设计、设置企业的营销机构属于（　　）。

A. 市场型组织机构　　B. 地区型组织机构

C. 矩阵型组织机构　　D. 产品型组织机构

10. 市场营销计划的控制不包括（　　）。

A. 季度计划控制　　B. 效率控制

C. 年度计划控制　　D. 战略控制

（二）多项选择题

1. 企业的营销管理，也就是市场营销的（　　）过程，是企业结合自身资源特点，根据外部环境变化，不断地制定、调整和修正营销战略，以实现营销目标的管理活动。

A. 设计　　B. 计划　　C. 执行　　D. 控制

2. 对竞争对手未来目标的分析主要包括的内容有（　　）。

A. 财务目标　　B. 对风险的态度

C. 战略定位　　D. 现有激励目标

3. 对市场状况的分析主要包括的内容有（　　）。

A. 战略研究　　B. 战略分析

C. 市场调查　　D. 市场预测

4. 市场分析的形式主要有（　　）。

A. 产品需求分析　　B. 产品供给分析

C. 市场综合分析　　D. 市场专项分析

5. 常用的市场营销控制方法有（　　）。

A. 盈利率控制　　B. 部门控制

C. 战略控制　　D. 年度计划控制

（三）判断题

1. 市场营销现状分析就是对企业的市场状况、产品状况、竞争状况进行分析。（　　）

2. 市场营销组织不应该都按一种模式来设置。（　　）

3. 市场营销管理就是对企业市场营销计划及营销战略进行调整的过程。（　　）

4. 市场营销管理的实质是需求管理。（　　）

5. 企业的销售控制主要就是对人员销售的控制。（　　）

二、能力训练部分

（一）思维训练题

案例一：

某地区的一家移动公司为了留住老客户，拟举办一次手机促销活动，按照在网时间长短，分别给老客户以相应的手机购买补贴。具体方法是：对于老客户现场新购买手机的，根据在网时间长短，价格可以分别优惠 640 元、400 元、200 元，同时，赠送一个全球通号码，内含 240 元话费，分 12 个月赠送。

为了组织好这次活动，该公司组建了一个销售团队，首日去活动现场的有 50 多人。可是，由于当天准备不足，带去的 SIM 卡与所投放的全球通号码段不匹配，导致已经办完手续的一批客户无法开机。销售团队只能通过现场广播要求已购机的客户回到指定的位置进行调换。现场一片混乱。由此，该公司决定第二天的活动就此取消。

后来，根据公司统计的数据，该活动所支出的宣传费、场地费、手机补贴费等共计 120 万元，而发展的客户只有 1 000 人，活动的结果自然是入不敷出。

思考题：

1. 请思考并指出该活动的失败之处。

2. 如何理解市场营销计划对现实营销活动组织的重要意义？

案例二：

宝洁公司是目前全球最大的日用品公司之一。1988 年，宝洁公司开始进军中国市场，在广州成立广州宝洁有限公司。为了能够顺利进入中国市场，宝洁公司进行了周密的战略分析与规划。

1. 市场研究

通过市场调查，企业可以了解有关影响市场需求的因素，包括人口数量、购买力水平、消费结构、消费特点及趋势，还可以了解产品供应状况及竞争者状况，为企业营销决策提供依据。为此，宝洁公司在进入中国市场之前就对中国市场的状况和特点进行了深入的分析与研究，并据此制定出科学的营销策略。

2. 市场环境分析

市场营销环境是企业开展营销活动的外部环境，它可以给企业带来市场机遇，同时也有可能对企业营销活动产生威胁。从人口因素来看，中国人口规模大，消费群巨大，对日用品的需求量大。从经济因素来看，改革开放以后，中国经济增长快，人民收入有所增加，生活水平不断提高，对物质的要求水平也不断提高。从政治与法律因素来看，自从中国加入 WTO 以后，外国零售企业在中国的经营限制完全取消，在政治和法律上为外资企业完全进入中国开拓了一条渠道。从社会文化因素来看，宝洁公司进驻中国时，由于传统的生活和消费观念，大多数消费者还在使用洗发膏和散装洗发水，为宝洁公司扩张市场提供了有利条件。从科学技术因素来看，随着科学技术的不断进步，各领域的专业研究人员层出不穷，为宝洁公司建立一流的研究体系和规模提供了有利条件，宝洁公司可以根据不同地区消费者的需求研究和开发不同的新品。从自然环境因素来看，自然环境发生变化，环境污染越来越严重，人们的日常生活受到相应的影响，如皮肤、头发等出现的问题越来越多，而宝洁公司抓住这一商机，根据不同的需求开发不同的市场，扩大自己的市场占有率。

3. 市场细分及目标市场定位分析

市场细分是指根据消费者需求和购买行为的差异性，把具有异质性需求的整体市场划分为若干由需求大体一致的消费者组成的小市场的过程。市场定位是指指明或明显化企业品牌形象及产品价值，以帮助目标顾客正确认识并理解企业区别于竞争对手的形象的行为过程。宝洁公司的市场细分以洗发水为例，在进入中国的洗发水行业时，首先将中国洗发水市场划分为高档、中档和低档，同时又将各个细分市场以不同的变量划分为更细的细分市场。譬如，根据消费者的发质和喜好不同，将市场细分为各种专用功能市场（去屑、柔顺、滋润等不同功能的洗发水）；根据市场的人口密度不同，将市场细分为都市、郊区和乡村市场（飘柔洗发水）；根据消费者的年龄不同，将市场细分为青年、中年和老年市场；等等。宝洁公司进入中国市场后首选的目标市场是城市中收入水平较高、比较重视个人形象和生活品位的青年人群，宝洁公司抓住了青年人求新、好奇心强、透支消费、追求名牌、喜欢广告、重视自我等心理，研制和开发了满足青年人消费需求的产品，利用具有青春活力的青年男女做广告，引导和刺激青年人的消费需求。

4. 品牌多元化

宝洁公司是实施品牌多元化战略最成功的公司之一，它最先在全球推出“品牌经理制”“品牌保护机制”，毫无争议地成为整个行业的领头羊。经过多年的经营，宝洁公司在中国市场取得了巨大的成功，在中国销售的品牌有玉兰油、海飞丝、沙宣、飘柔、伊卡璐、潘婷、舒肤佳、佳洁士、护舒宝、帮宝适等。因此，在相当长的一段时间内，宝洁公司在中国市场的霸主地位无法动摇。

5. 渠道问题

宝洁公司多层次的销售网络由于批发渠道萎缩，分销商、直销商庞杂，瓜分了渠道利润。营销渠道混乱，容易引发严重的渠道冲突，不利于市场信息反馈与厂家控制。

思考题：

1. 宝洁公司在进入中国市场时，都做了哪些营销战略分析？

2. 宝洁公司的产品在中国市场上取得成功的秘诀是什么？

（二）拓展阅读题

华方公司制订了一个功能纺织物2025年营销计划，具体内容如下。

1. 行业背景

目前市场上的功能纺织物大体有三种：① 利用药物疗效形成的纺织品；② 利用天然矿石的某些特性形成的纺织品；③ 利用某些微量元素在常温下吸收周围环境与生命体的能量，并释放能量的特性形成的纺织品。

本公司的功能纺织物的核心是多功能电子材料。利用它制成的多功能电子纤维，具有永久的电性能，能够激发生命本体能量，改善人体微循环，同时具有防紫外线、保暖、保鲜和杀菌等功效。利用多功能电子纤维制成的纺织品或无纺布具有同样的功能。

2. 计划概要

公司产品投放市场第一年，力争实现销售收入3 000万元，收支平衡；营销费用600万元，市场覆盖北京、天津、河北。

3. 市场营销现状

（1）需求预测

经预测，2020年国内市场容量大约为10亿元，之后会有较快的增长。但是，三年后可能有所下降。产品以内衣、内裤、床上用品为主。此类产品的主要购买群体是中、高收入家庭和知识层次较高的消费者，购买的主要原因是为了保健。另外，年轻人购买之后作为礼品送给老年人也占有很大比例。

（2）产品大类

产品大类主要包括：内衣系列；床上用品系列；护膝、护腕系列；等等。与同类非功能纺织品相比，成本稍高，但是售价高出将近一倍。

（3）竞争情况

主要竞争对手是天年公司，其产品主要在大城市的高档商场销售，其次是在一些位于文化层次较高地区的购物中心销售。天年公司的做法是：设销售专柜，为每个销售专柜配两名销售、一名医务人员、一台人体微循环测量仪和及时的微循环知识宣传材料。销售人员和医务人员都经过严格的专业培训，包括学习医务知识、了解微循环与人体各种疾病的关系、知晓如何吸引消费者的兴趣及如何处理消费者退货等。天年公司为此还在全国各地设立了自己的办事处。

天年公司的广告宣传主要是通过各大报纸广泛介绍微循环知识，并通过专家、学者的专业评价来增强产品的可靠性，同时还利用名人效应，邀请了一些明星，通过明星们的现身说法来渲染产品的使用效果。

天年公司的促销以“推式”策略为主，即通过对销售人员进行绩效评价与给予相应奖励来达到促销目的。

（4）宏观环境

随着人们生活水平的提高和对自身保健的日益重视，此类产品有着较为广阔的发展前景，目前仅有中国台湾和日本有少量生产。由于东南亚一带对我国的中医药比较了解，因此，此类产品也存在着一定的需求量。

4. 优劣势分析

目前，市场上还没有防紫外线的同类产品。另外，天年公司的产品透气性较差，在产品系列中，内衣系列种类较少，特别是能够用于送礼的产品包装不够精致。

（1）本公司的主要优势

有较强的技术队伍和较好的企业形象；产品质量较为稳定；拥有技术专利权，能有效防止其他竞争者进入；消费者对微循环知识已有一定了解，可以节省一些宣传费用。

（2）本公司的主要劣势

产品刚刚上市，没有固定的分销渠道；品牌形象尚未建立；如果初期市场开拓不力，公司财务可能会难以支撑。

5. 公司目标

（1）财务目标

年销售收入 3 000 万元，销售利润率 30%；税后利润 100 万元；产生 2 500 万元的现金流量。

（2）营销目标

在北京、天津、河北石家庄建立 20 个销售网点；培训 100 名销售人员；在消费者中建立一定的知名度。

6. 营销策略

目标市场：中、高收入家庭，以女性购买者为重点。

产品定位：质量最佳；品种最多；包装最美。

产品价格：稍低于竞争对手的同类产品。

分销渠道：建立自己的销售渠道，重点放在大城市消费水平高的大型商场或购物中心。

推销人员：建立培训中心，对销售人员进行专业培训，持证上岗。男女销售人员比例为 2∶1。

售后服务：实行服务过程标准化，创一流服务。

广告宣传：进入市场前期，开展一个大规模、高密度、多方位的广告宣传活动。突出产品特色和企业形象，兼顾一定的医疗知识。

促销推广：参加全国范围的经贸展览会；节假日开展价格优惠活动；实行销售人员业绩考评制度，促其努力推销。

产品研发：功能纺织物在其他领域的应用。

营销研究：监测竞争者的动向；调查消费者对产品的选择过程；提出产品的改进方案。

7. 行动方案

人力资源部：负责销售人员的招聘和培训，在2020年10月31日以前完成第一批20名销售人员和医务人员的培训。

生产部门：2020年10月拿出第一批产品样品，由营销部门与用户接触，对产品进行修改。11月开始，第一批5家大型商场开始销售本公司产品。

营销部门：负责制订广告方案，并于2020年12月开始投放宣传广告，预算为100万元。第二年4月参加全国春季纺织品展销会。与广告宣传相配合，开展有奖销售活动，各经销点第一季度销售最多的销售人员可以获得去海南三亚度假的奖励。

8. 营销控制

营销部门设立专门的全国销售工作检查小组，负责检查和协调各经销点的销售情况，并及时处理可能发生的意外事件，制订应对竞争对手的应变计划。

从以上案例可以看出，华方公司制订的年度营销计划内容相当充实。古人云："凡事预则立，不预则废。"其含义就是，不论做什么事，事先有计划，做好准备，就能取得成功，不然就会失败。因此，企业开展市场营销活动也不例外。

阅读了该案例，你还有哪些方面的思考呢？

第十单元　与时俱进　拓宽视野

第一节　本单元知识概要

一、本单元主要内容及学习要求

本单元主要通过介绍网络营销的概念及特点，让学生了解不一样的营销；同时，还结合网络营销的不同方式方法，介绍了网络营销的基本职能和网络营销的基本策略。

通过本单元知识学习和能力训练，学生能够了解网络营销的概念与特点，理解网络营销的基本职能；能够掌握企业开展网络营销的基本方法；能够学会网络营销基本策略的具体运用。

二、本单元涉及的主要专业术语

【电子商务】电子商务是指在互联网开放的网络环境下，基于客户端/服务端应用方式，买卖双方并不谋面地进行各种商贸活动，实现消费者的网上购物、商户之间的网上交易和在线电子支付，以及各种商务活动、交易活动、金融活动和相关的综合服务活动的一种新型商业运营模式。简而言之，电子商务就是以信息网络技术为手段，以商品交换为中心的商务活动。

【搜索引擎推广】搜索引擎推广是指通过搜索引擎优化、搜索引擎排名，以及研究关键词的流行程度和相关性，在搜索引擎的结果页面取得较高的排名的营销手段。搜索引擎的形式可以分为网络蜘蛛型搜索引擎（简称“搜索引擎”）和基于人工分类目录的搜索引擎（简称“分类目录”）。

【饥饿营销】饥饿营销是指商品提供者有意调低产量，以期达到调控供求关系，制造供不应求的假象，以维护产品形象并维持商品较高售价和利润率的营销策略。

【FAQ】FAQ也叫“常见问题解答”，是指主要为客户提供有关产品、公司情况等常见问题的现成答案，也能帮助有目的的顾客迅速找到他们所需要的信息。

【DM】DM 是英文“Direct Mail”的缩写，意为快讯商品广告，通常采用邮寄、定点派发、选择性派送到消费者住处等多种方式进行宣传，由于 DM 直接将广告信息传递给真正的受众，因此它具有强烈的选择性和针对性。

三、本单元思维导图（图 10-1）

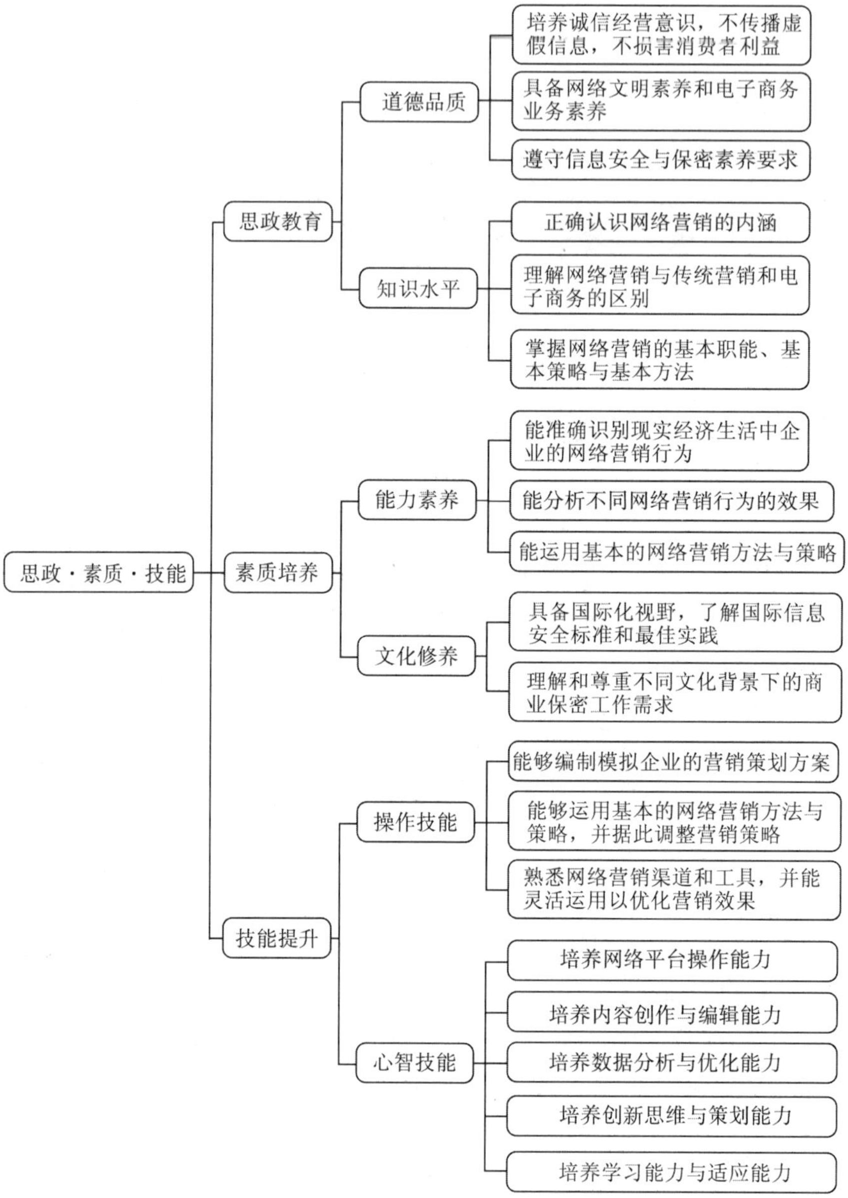

图 10-1 “与时俱进 拓宽视野”思维导图

第二节　本单元同步训练

一、知识巩固部分

（一）单项选择题

1. 下列不属于网络营销特点的是（　　）。

A. 跨时空性　　B. 技术性

C. 交互性　　D. 二维性

2. 网络营销的首要目标是（　　）。

A. 成本　　B. 沟通

C. 顾客　　D. 便利

3. 网络营销的最基本职能是（　　）。

A. 搜索引擎营销　　B. 网络广告

C. 信息发布　　D. 个性化营销

4. 病毒营销的主要传播路径是（　　）。

A. 电视　　B. 网络

C. 报纸　　D. 口口相传

5. 网络品牌相对于一般品牌不具有的特点是（　　）。

A. 地域性　　B. 虚拟性　　C. 国际性　　D. 交互性

6. 网站发布前的测试不包括（　　）。

A. 服务器的稳定性、安全性　　B. 图文、链接是否有错误

C. 访问负载能力　　D. 程序测试及网页兼容性测试

7. 网站运行测试的内容不包括（　　）。

A. 网页链接测试　　B. 网页内容检查

C. 网页组件调试　　D. 网站的整体风格

8. 某旅游公司在网上推出“按单服务”旅游项目，游客进入网站后，用鼠标同公司进行交流，选择旅游项目、安排日期或提出自己的要求，公司在营销过程中所注重的是（　　）。

A. 营销技术数字化　　B. 客户关系互动化

C. 产品服务定制化　　D. 沟通响应适时化

9.（　　）是指商业机构（或企业、公司）使用因特网（Internet）或各种商务网络向供应商（企业或公司）订货和付款。

A. B to B　　B. C to C　　C. B to C　　D. C to B

10. 关系营销是从（　　）概念衍生、发展而来的。

A. 直复营销　　B. 国内营销

C. 体验营销　　D. 大市场营销

（二）多项选择题

1. 网络营销相比于传统营销的优势主要有（　　）。

A. 受众面广　　B. 成本较高

C. 互动沟通　　D. 时效性强

2. 网络营销策略制定的内容主要包括（　　）。

A. 网络产品和服务策略　　B. 网络价格营销策略

C. 网络营销管理　　D. 网络促销与网络广告

3. 企业角度的网络营销功能包括（　　）。

A. 产品信息发布　　B. 经济效益增值

C. 销售渠道开拓　　D. 品牌价值扩展

4. 搜索引擎推广的方法有（　　）。

A. 登录免费分类目录　　B. 搜索引擎优化

C. 登录付费分类目录　　D. 关键词广告

5. 计算机病毒传播的途径有（　　）。

A. 网络浏览　　B. 聊天程序

C. 内存条　　D. 电子邮件

（三）判断题

1. 网络营销的重点在交易前的各种宣传推广和交易后的售后及二次推广。（　　）

2. 电子商务可以看作网络营销的初级阶段。（　　）

3. 网络广告能独立存在，可以通过自身的作用来实现信息传递的功能。（　　）

4. 网络营销职能与网络营销方法之间的关系是一一对应的关系。（　　）

5. 只有良好的客户服务才能带来稳固的客户关系，因此客户服务策略和客户关系策略是一致的。（　　）

二、能力训练部分

（一）思维训练题

案例一：

淘宝网是深受中国消费者欢迎的大型网购零售平台，截至 2020 年，已拥有近 8.4 亿的注册用户，每天活跃用户超 1.2 亿，在线商品数量达到 10 亿件。

随着规模的扩大和用户数量的增加，淘宝网也从单一的 C2C 网络集市变成了包括 C2C、团购、分销、拍卖等多种电子商务模式在内的综合性零售商圈，已经成为世界范围内的电子商务交易平台之一。

虽然淘宝网本身就是一个网站，但它也在其他网络媒体上投放大量广告。正是由于对网络媒体有着切身的体会，淘宝网在网络广告的运用中才能充分利用网络的特点与优势，最终形成“淘宝”的特色。

（1）淘宝网除在户外、电视等传统媒体上进行广告投放以外，在网络媒体上的广告投放量也非常可观，并且积累了一定的运作经验。

（2）淘宝网在广告投放中，充分使用了广告监测系统。每天都可以通过监测系统得到前一天所投放网络广告的数据，包括用户浏览数量、点击数量、进入网站途径及在网上的行为等。淘宝网可以利用这些数据比较不同创意、不同形式、不同网页位置的广告效果，进而可以随时调整广告创意。在邮件广告的数据利用方面，邮件供应商可以为淘宝网提供包括邮件地址在内的很多数据，邮件使用者的性别、年龄、收入、经常浏览的网站、对哪些产品感兴趣等。这样，淘宝网就可以有针对性地发送DM，即快讯商品广告，并且还可以利用网络技术，及时统计受众的反应，如点击邮件数量、打开后又点击了哪些内容、进入了淘宝网后又做了什么等，由此可以测算出邮件广告的成功率和广告内容的满意度等指标。

思考题：

1. 网络广告与传统广告相比有何特点？

2. 淘宝网利用了哪些网络媒体？成效如何？

案例二：

“蜜雪冰城”是一个以新鲜冰淇淋与茶饮为主营产品全国连锁品牌，深受年轻人的欢迎。曾经一首颇有土味的主题曲《你爱我，我爱你》，让“蜜雪冰城”迅速走红，风靡一时，成了一个在网络上热搜的品牌。其实，作为三、四线市场的茶饮霸主，在新品牌层出不穷、老品牌激烈厮杀的茶饮行业，“蜜雪冰城”把控流量密码及一系列运营和前瞻性操作，都值得我们学习。

声音营销：在奶茶市场趋于饱和的状态下，“蜜雪冰城”提升品牌“声量”，选择了声音传播形式，以美国乡村民谣《哦，苏珊娜》曲调为背景，节奏轻快，搭配一句话的土味歌词，朗朗上口，循环洗脑，一经推出就火遍全网。

“蜜雪冰城”选择音乐形式展现，非常明智。长期以来，品牌商就喜欢利用声音记忆做营销，无论是“今年过节不收礼，收礼只收脑白金”，还是前段时间“喜茶”产品的“好椰好椰好椰”的广告语，都是在用声音做营销。品牌商之所以热衷于声音营销，最主要的原因是现在的市场，图片和文字已经不能打动消费者的心，而声音自然成了直达用户心灵的最好媒介。

另外，“蜜雪冰城”主题曲的土味和洗脑，也与品牌亲民的调性紧密结合，在主题曲传唱的过程中再次加深了用户对品牌的记忆。

渠道营销：“蜜雪冰城”基于品牌调性和流量的考虑，最终选择了以抖音、哔哩哔哩视频网站为主要宣传阵地。亲近音乐创作、以趣味内容为主的天然属性，让与“蜜雪冰城”相关的话题一直保持着热度。

互动营销：“蜜雪冰城”采用了“线下拍照，线上投票”的营销方式，在门店放置活动海报，顾客上传和冰淇淋系列产品的合影即可参赛。参赛门槛低，同时奖品丰厚，吸引了不少顾客参与。而顾客上传的照片既能展示了冰淇淋的颜值，其享受的表情又展示了冰淇淋的美味，每一张照片都在为“蜜雪冰城”做宣传，这样就用极低的成本做了大量的宣传推广。加上融合了投票的竞争策略，参赛者拉票产生裂变，得以迅速引爆流量。

近年来，“蜜雪冰城”已经在实践中总结出一套非常成熟的运营经验：在“微信公众号”“微博”发布营销活动——引导获奖者添加“微信”领奖——引导社群深度运营，从而打造了全链路引流闭环。“蜜雪冰城”的市场运营团队也针对具有不同特征的用户群体，制定不同的运营策略，匹配不同的内容和活动，营销玩法众多，花式“撩客”。

思考题：

1.“蜜雪冰城”之所以成功，与其营销手段密不可分。“蜜雪冰城”的营销手段有何独特之处？

2. 如此高的人气流量，“蜜雪冰城”是如何做到的？

（二）拓展阅读题

价格越限越涨的2010年，“涨”字一直保持着较高的出镜率，牵动着消费者的心。尤其是白酒行业，即将迎来消费旺季，各大白酒企业再次拉开了提价战的序幕。

茅台酒，在此次白酒行业提价战中表现得尤为突出。然而，人们愁的不是涨价，而是即便涨价，依然买不到茅台酒。不少经销商反映：国庆节过后根本就进不到货。受供需关系的影响，茅台酒在预期中涨价，囤茅台酒也成了不少经销商的共识。

在茅台酒涨价之前，53度“飞天”茅台酒出厂价为499元/瓶，一级批发价在970元/瓶左右，终端零售价北京地区达到1 500元/瓶左右，而广东地区达到1 500元/瓶以上。而华南地区价格更高。但各地都面临共样的问题：有钱买不到货。

2010年12月15日，贵州茅台酒股份有限公司（以下简称“茅台酒公司”）发布公告，将从2011年1月1日起上调产品出厂价格，平均上调幅度在20%左右。其后，在广受舆论质疑的情况下，茅台酒公司的掌门人袁仁国又抛出了“涨价兼顾论”，声称厂方将实行严格的“限价令”，也就是“53度‘飞天’茅台酒出厂价不得超过959元/瓶”的规定。

尽管茅台酒公司的“限价令”与涨价公告同步出台，但显然不会起到实质性的作用。因为就在53度“飞天”茅台酒出厂价为499元/瓶时，其一级批发价已经高达970元/瓶左右，终端零售价北京地区达到1 500元/瓶左右，而广东地区达到1 500元/瓶以上。这样的话，959元/瓶又怎么能够限得住呢？涨价的背后，有哪些原因和值得深思之处呢？

茅台酒公司产能释放速度落后于消费市场增长速度，造成了市场上供需关系紧张，这是根本原因。茅台酒公司利用消费群体追求品牌和品位的消费心理，配合“饥饿营销”，一次次高明地变相推动涨价。涨价固然与茅台酒公司欲打造高端品牌的定位及供求关系有关，但经过业内人士分析，此次涨价离不开“人为”因素。尤其在茅台酒供不应求的同时，五粮液也加入“脱销”行列。在茅台酒提价前，茅台酒公司下属销售公司手里还有大量存货。

2010 年 12 月 23 日，平安发布的研究报告称：茅台酒销售公司存酒充足，根据其测算，至 2010 年第三季度末，销售公司存酒相当于 27 亿元市值，在市场严重供不应求时，兑现很容易。而五粮液就没有茅台酒那么畅销，而是用“饥饿营销”炒高价格，经销商也在其中得利。

茅台酒公司董事长袁仁国曾表示，茅台酒要打造成为奢侈品，毕竟国外“XO”“路易十三”等酒都可以卖到上万元，弱化产品功能属性，主要突出社会属性和身份标志功能，此次“饥饿营销”也只是其中一步棋而已。

对于消费者来说，所有正牌白酒的成本与工艺流程几乎是一样的，无非是“半斤粮食酿出一斤白酒”，算上所有的原材料和设备费用，充其量一瓶酒的成本也不足百元，对于那些动辄卖成千上万元的高档白酒来说，消费者喝的不过是一种“品牌效应”。高档白酒针对固定人群推出，本身产量不大，再加上巨额的广告宣传，价格就这样被推高了。可以这样说，消费者购买一瓶中高档白酒所支付的钱里，约有 70% 是广告费。

试分析茅台酒公司是如何利用供求关系和消费者的购买欲，借机提价来获取更多利益的。这种营销方式是否会对产品形象造成损害，给企业带来负面影响？为什么？

单元同步训练参考答案

第一单元　本单元同步训练

一、知识巩固部分

(一) 单项选择题

1. B　2. C　3. C　4. D　5. D　6. B　7. A　8. D　9. A　10. B

(二) 多项选择题

1. ACD　2. ACD　3. AC　4. ABC　5. BC

(三) 判断题

1. ×　2. √　3. ×　4. √　5. √

二、能力训练部分

(一) 思维训练题

案例一：

1. 市场营销活动对我们的生活产生了哪些影响？

思考提示：① 市场营销活动促进了我们消费观念的形成，并且引导我们形成特定的消费习惯；② 市场营销活动能够激发我们潜在的消费需求，让我们购买原本不打算购买的产品或服务；③ 企业通过提供优惠、促销等市场营销活动，能够改变我们的购买决策，影响我们的购买行为。

2. 试举一些你所遇到的企业营销活动的例子。

思考提示：① 商场节假日开展优惠活动，全场“大甩卖”；② 电视中不断滚动播放的“可口可乐”广告；③ 巴黎奥运会体育比赛转播间隙不断出现的“耐克”画面；等等。

案例二：

1. 如果是你，你会怎么选？为什么？

思考提示：我会选水、帐篷、火柴、绳子这 4 样。

镜子在沙漠里没什么用，就不要了；指南针呢，只要有手表也就行了；刀也不是必要的，在这茫茫的沙漠里，没有一点活物，更别说具有攻击性的动物了；而水是必需品，虽然只够 2 个人喝，但可以省着点，相信也能够 3 个人一起坚持到最后；帐篷虽然只能住下 2 个人，但是可以 3 个人轮换着休息；火柴也是路上必不可少的；而绳子可以用来把3个人绑在一起，这样在风沙很大、目不见物的时候，就不会失散了，而且如果遇到沙崩，有同伴掉到沙堆底下，还可以用绳子把他拉回来。

（二）拓展阅读题

参考答案：略。

第二单元　本单元同步训练

一、知识巩固部分

（一）单项选择题

1. B　2. C　3. B　4. D　5. D　6. B　7. A　8. C　9. C　10. B

（二）多项选择题

1. ACD　2. ABD　3. ABCD　4. BCD　5. ACD

（三）判断题

1. ×　2. √　3. ×　4. ×　5. √

二、能力训练部分

（一）思维训练题

案例一：

1. 企业的营销人员要用什么样的眼光看问题？

思考提示：企业的营销人员要用创造性的眼光看问题。一个能充分发挥主观能动性、具有较强执行力的人，往往能赢得机遇，获得快速成长。张三便是如此。很多时候，人和人的差距就在于“多想一点”“多做一点”。

2. 试想如果你是李四，你今后会怎么做。

思考提示：学会创造性地完成任务，对领导交办的任务，按照要求完成后，多站在领导角度想一想还有什么能做的。成全领导，就等于成就了自己。

案例二：

1. 你认为这块牌匾上写的是什么字？为什么？

思考提示：这块牌匾上写的是“本条街最好的裁缝”。

这是运用了“逆向思维”方式来进行牌匾的题字。一个是“全北京城最好的裁缝”，另一个是“全中国最好的裁缝”，那么第三个就再也没有向上“夸大”自己的空间了。所以，只能另辟蹊径，以小博大了。“本条街最好的裁缝”说明在本条街上的三个裁缝，第三个才是真正最棒的，胜过第一个和第二个。

（二）拓展阅读题

参考答案：略。

第三单元　本单元同步训练

一、知识巩固部分

(一) 单项选择题

1. A　2. C　3. A　4. B　5. C　6. D　7. B　8. A　9. C　10. A

(二) 多项选择题

1. ACD　2. ABCD　3. ABC　4. BCD　5. ABCD

(三) 判断题

1. √　2. ×　3. ×　4. √　5. √

二、能力训练部分

(一) 思维训练题

案例一：

1. 资生堂公司是如何进行市场细分的?

思考提示：资生堂公司是根据顾客的年龄、收入、购买心理等对女性市场进行细分的，特别是考虑到公司产品的特殊性（化妆品），因此年龄这个因素被作为市场细分的重要依据，也由此抓住了目标顾客的心。

2. 资生堂公司的目标战略有何独特之处?

思考提示：资生堂公司针对不同的细分市场打造了不同的品牌，这是一种差异化的营销战略。更具特色的是，资生堂公司针对不同品牌使用不同的分销策略，使产品可以更方便地指向目标顾客。而且，资生堂公司在与其他企业的竞争中突出其咨询服务的能力，形成了自己在每个细分市场上的竞争优势。

3. "资生堂营销战略室"的设立对我们有何启示?

思考提示：战略营销研究机构的主要职责是进行营销战略与策略的研究，目的是为企业制定更好的营销策略提供支持。战略营销研究机构的建立对企业增强市场竞争力、增加销售额、提高盈利能力等方面都会产生积极的促进作用。

案例二：

1. 你认为洗衣机市场细分的标准有哪些?

思考提示：洗衣机市场细分所依据的标准主要有以下几方面因素：地理环境因素，如地区或地域；人口因素，如生活方式；消费心理，如购买偏好；消费行为，如购买时追求利益的态度；等等。这些因素有些是相对稳定的，多数则处于动态变化之中。

2. 海尔公司的产品是如何满足各层次消费者的需求的?

思考提示：海尔公司以多品种、多规格的洗衣机产品，满足不同层次消费者的需求。例如，根据家庭规模的大小，适时推出了容量和款式不同的洗衣机。根据家庭收入、生活方式不同，分别推出了各种档次的洗衣机。按照不同地区或地域消费者的需求，分别推出了适合农村市场的“气泡式洗衣机”和适合城市的集洗衣、脱水、烘干于一体的“玛格丽特”高档洗衣机。

（二）拓展阅读题

参考答案：略。

第四单元　本单元同步训练

一、知识巩固部分

（一）单项选择题

1. A　2. C　3. C　4. B　5. D　6. B　7. B　8. B　9. C　10. D

（二）多项选择题

1. ABCD　2. ABCD　3. ABD　4. AC　5. AC

（三）判断题

1. √　2. ×　3. ×　4. √　5. ×

二、能力训练部分

（一）思维训练题

案例一：

1. 经过改良的品牌童装为什么会扭转销售颓势？

思考提示：由于童装款式新、料子好，孩子们喜欢，而且价格相对合理，这充分满足了儿童及家长的心理需求，所以商家能够一举扭转童装的销售颓势。

2. 你认为要让童装顺利进入你所在地区的市场还需要怎么做？

思考提示：一是要切实做好市场调查，切不可盲目进入市场；二是要善于利用促销技巧；三是要保证货源在本地区有竞争力。

案例二：

1. 你认为应采用哪一位专家的意见？为什么？

思考提示：我认为应采用第二位专家的意见，即选用不知名小女孩的图像作为公司的商标。

因为如果选用女明星的图像作为公司的商标，那么首先要经过该女明星的同意，并且要支付一笔不菲的费用，这样会提高产品成本。相反，如果选用不知名小女孩的图像作为公司的商标，事情就简单多了，只要取得女孩家长的许可，支付一定的费用即可。

（二）拓展阅读题

参考答案：略。

第五单元　本单元同步训练

一、知识巩固部分

(一) 单项选择题

1. A　2. D　3. A　4. C　5. B　6. C　7. D　8. A　9. C　10. D

(二) 多项选择题

1. ABC　2. ABCD　3. ABCD　4. BCD　5. ABCD

(三) 判断题

1. √　2. ×　3. √　4. ×　5. ×

二、能力训练部分

(一) 思维训练题

案例一：

1. 阿姨这么定价是否恰当？

思考提示：该阿姨的定价并无不当之处，反而体现了心理定价策略的灵活运用。

2. 阿姨的定价策略是什么？

思考提示：该阿姨是根据两个不同顾客表现出的不同消费心理，利用他们对价格感受的错觉来定价的。对前者，只是为了让他具有荣耀感，觉得自己买对了，买好了。对于后者，则是让他产生实惠感。总之，虽然很多消费者都贪图价格便宜，这是一种普适心理，但也有的消费者热衷于追求新颖、高级、时尚的商品，对打折品不屑一顾，认为购买便宜商品有损身份。这是一种特殊的求新、求荣的心理。

案例二：

1. 你认为 TPA 定价失败的根本原因是什么？

思考提示：产品定价是企业营销过程中的一个重要环节，企业定价时，必须审时度势，切忌仅凭经验来定价。TPA 定价失败的根本原因就在于公司根据低弹性系数，对 TPA 制定了高价格策略。

2. 如果你是公司高管，你应该如何定价？

思考提示：现在的药品行业由于利润提高，已经吸引大量竞争者加入，具有相同疗效的药品层出不穷，过去习惯认为药品的需求价格弹性小的时代一去不复返了。

如果我是公司高管，我首先是进行广泛的市场调查，收集相关产品的数据资料；其次是分析产品的需求价格曲线；最后是选择对应的定价策略。产品的需求价格弹性大，意味着消费者对该产品价格的变动非常敏感，在这种情况下，如果企业提高价格，可能会导致需求量大幅下降，从而减少总收入；相反，如果企业选择降低价格，即使利润率较低，但由于需求量的大幅增加，总的收益仍可能上升。因此，对于需求价格弹性大的产品，通常会选择薄利多销的定价策略。

（二）拓展阅读题

参考答案：略。

第六单元　本单元同步训练

一、知识巩固部分

（一）单项选择题

1. C　2. A　3. B　4. B　5. A　6. B　7. B　8. B　9. A　10. B

（二）多项选择题

1. BCD　2. ABC　3. ABCD　4. ABCD　5. AC

（三）判断题

1. ×　2. √　3. √　4. √　5. ×

二、能力训练部分

（一）思维训练题

案例一：

1. 乐华的营销渠道变革成功了吗？为什么？

思考提示：毫无疑问，乐华的营销渠道变革以彻底失败而告终。

因为乐华的产品以中低端彩电为主，销售旺地主要在二、三线城市。为了推行代理制，乐华砍掉了旗下30多个分公司和办事处，犹如砍掉了自己的手足，再加上“现款现货”的举措必然很难被多数代理商接受，进而加剧了乐华与代理商的矛盾。最终导致失败也在情理之中。

2. 这场彩电营销变革风波给了我们怎样的启示？

思考提示：实行销售渠道变革，首先要解决企业内部存在的管理松散、销售链过长等问题；其次，可以在一些有代表性的地区进行改革试点，等基本成熟后再进行大规模推广；再次，可以将原有的分公司体制平稳地转移到代理分销体系中；最后，还要充分考虑销售渠道多元化发展的要求。

案例二：

M公司在中国分销渠道成功的秘诀是什么？

M公司在中国的成功并非简单复制全球模式，而是通过“品牌高度掌控+渠道灵活下沉”，构建了覆盖高线城市体验与低线城市渗透的立体网络，同时以数字化工具和本土化内容持续激活消费者需求。其本质是将全球品牌的势能转化为对中国市场“速度、文化、效率”的极致适应。

（二）拓展阅读题

参考答案：略。

第七单元　本单元同步训练

一、知识巩固部分

(一) 单项选择题

1. A　2. C　3. A　4. B　5. D　6. D　7. A　8. C　9. A　10. D

(二) 多项选择题

1. AC　2. ABCD　3. ACD　4. ABC　5. ABCD

(三) 判断题

1. √　2. √　3. ×　4. √　5. ×

二、能力训练部分

(一) 思维训练题

案例一:

1.“蝙蝠”电扇成功的秘诀是什么?

思考提示:“蝙蝠”电扇的成功不是偶然的。因为在当时,当大多数产品还停留在满足本地市场的时候,“蝙蝠”电扇却首先能够以全国市场的眼光来布局和操作,不得不说是超前的。其二是“蝙蝠”电扇充分运用了新闻媒体的“软文”攻势,居然一分钱都没花,其效果非同凡响。

2. 如何看待“蝙蝠”电扇的实物演示活动?

思考提示:“蝙蝠”电扇的实物演示活动是一种有效的市场营销策略,它通过实际展示产品的性能和质量来吸引消费者的注意力并激发购买欲望。这种策略的成功在于它能够直观地向消费者展示产品的优势,从而建立起消费者对产品的信任感。

首先,从市场策略上看:“蝙蝠”电扇在早期开拓市场时,采用实物演示活动作为一种市场策略。这种方法不同于传统的书面产品介绍,而是通过现场的实际操作和展示,使潜在客户能够更直观地感受到产品的特性和优点。

其次,从品牌知名度上看:通过在南京新街口百货商店橱窗中昼夜不停地展示运转的电扇,“蝙蝠”电扇迅速提高了其品牌知名度。这种长时间、不间断的展示不仅展示了产品的耐用性,也成了当时的一个热门话题,吸引了大量市民的关注。

第三,从消费者信任上看:实物演示活动能够让消费者亲眼看到产品的质量和性能,从而建立起对品牌的信任。这种信任是消费者做出购买决策的重要因素之一。

第四,从社会文化影响上看:“蝙蝠”电扇的实物演示活动不仅仅是一个销售行为,它还成了当时社会文化的一部分。这种活动成了人们茶余饭后的谈资,增强了品牌的社会影响力。

因此,“蝙蝠”电扇的实物演示活动是一种创新且有效的市场营销手段,它不仅成功地提升了品牌形象和知名度,也增强了消费者对产品的信任感。这种策略对于其他企业来说,也是一个值得学习和借鉴的案例。

案例二：

1. “双 11” 的 “热” 与 “冷” 给了我们怎样的启示？

思考提示：“热”背后的启示：一是随着经济社会的发展，内需市场持续扩大，消费潜力不断增长，提供能满足消费者需求的产品和服务，是激发消费潜力的关键。二是数字经济的魅力在于其能够迅速响应市场需求，提供多样化的产品和服务。三是“双 11”不仅是购物狂欢节，更是连接生产与消费、线上与线下、商家与消费者的重要平台。

“冷”背后的启示：一是营销策略一成不变。频繁的促销活动和缺乏创新的营销手段可能导致消费者对“双 11”的热情减退。企业需要重新思考如何创造独特的购物体验。二是消费者变得更加理性，不再轻易受到平台营销的影响。企业需要更好地理解消费者的心理，提供真正满足消费者需求的产品和服务。三是复杂的满减、优惠规则和烦琐的购物流程可能会让消费者望而却步。

总之，“双 11”的“热”与“冷”为我们提供了关于市场趋势、消费者行为、营销策略和数字化转型等方面的深刻启示。这些启示既适用于电商平台，也适用于传统零售和其他行业。

2. 如何看待消费狂欢“退烧”的现象？

思考提示：消费狂欢“退烧”是指消费者对大规模促销活动的热情逐渐降温。消费狂欢“退烧”是多方面因素共同作用的结果，反映了消费者需求的变化和市场的成熟。同时，这也为企业提供了重新审视自身定位和策略的机会，以便企业更好地适应新的市场环境。

（二）拓展阅读题

参考答案：略。

第八单元　本单元同步训练

一、知识巩固部分

（一）单项选择题

1. D　2. C　3. C　4. D　5. C　6. B　7. A　8. B　9. D　10. D

（二）多项选择题

1. ABCD　2. ABC　3. ABCD　4. ABD　5. ABC

（三）判断题

1. √　2. ×　3. √　4. √　5. ×

二、能力训练部分

（一）思维训练题

案例一：

1. 曾经同为中国房地产行业的巨头，为什么最终 A 公司和 B 公司的命运会不同？

思考提示：随着 1993 年国家宏观调控措施的出台，A 公司和 B 公司在公司经营发展战略目标的制定上，可以说是彻底“分道扬镳”了。B 公司实施的是战略性扩张，再加上对多元化发展所带来的风险估计不足、应对乏力，结局自然可想而知。而 A 公司在战略调整前，就已经对国家的经济政策有了深刻的解读和认识。同时，公司高级管理层也经常对企业发展中的内外环境因素进行分析，并对由此产生的风险进行科学预判，从而增强了企业的抗风险能力。

2. 企业的战略与企业的发展有怎样的关系？A 公司的成功经验对我们有什么样的启示？

思考提示：企业战略可以帮助企业明确发展方向和目标，使全体员工在同一个目标下集中精力，协调合作，实现共同目标；通过制定战略，企业可以合理配置资源，使各项资源得到最大限度的利用，从而提高效率和效益；有针对性的企业战略还可以帮助企业了解市场和竞争对手的情况，从而制定相应的对策，保持竞争优势；通过战略规划，企业可以进行持续创新与转型，保持竞争力；良好的企业战略能够提升企业的品牌形象和价值，吸引更多的客户和投资者，使企业增值；企业战略的制定还可以帮助企业预判风险，提前做好应对措施，确保企业稳定发展。

A 公司的成功经验涵盖了战略调整、企业战略制定、品牌建设、风险预判和管理人才培养等多个方面。这些经验对于其他企业来说具有重要的借鉴意义。

案例二：

1. 请思考万达集团的战略演变逻辑。

思考提示：万达的战略演变体现了从地产开发商到城市运营商，再向生态服务商的转型轨迹，其核心逻辑始终围绕政策风向与资本效率调整布局。

2. 万达集团的发展历程对你有什么样的启示？

思考提示：万达集团通过战略转型、模块化管理、科技创新、国际化视野和社会责任等方面的努力，为我们提供了宝贵的学习材料。这些经验既适用于大型企业，也为中小型企业的发展提供了启示。

（二）拓展阅读题

参考答案：略

第九单元　本单元同步训练

一、知识巩固部分

（一）单项选择题

1. C　2. A　3. C　4. C　5. D　6. B　7. B　8. D　9. A　10. A

（二）多项选择题

1. BCD　2. ABCD　3. ACD　4. ABC　5. ACD

（三）判断题

1. × 2. √ 3. × 4. √ 5. ×

二、能力训练部分

（一）思维训练题

案例一：

1. 请思考并指出该活动的失败之处。

思考提示：该活动的失败之处在于营销活动方案布置不够周全。具体体现在：① 市场调查不足，未充分了解目标市场和消费者需求，导致活动策略与市场需求脱节；② 执行细节考虑不周，忽视了活动执行中的细节问题，如场地布置、人员安排、时间管理等，影响了活动顺利进行；③ 预算分配不合理；④ 风险管理不足，未预见潜在风险并制定相应措施，对活动造成了负面影响；⑤ 忽视后续跟进，活动结束后缺乏有效的总结和反馈机制，错失改进和提升的机会。总之，在制订市场营销活动方案时，需要全面考虑以上方面，确保方案的周全性和可行性。

2. 如何理解市场营销计划对现实营销活动组织的重要意义？

思考提示：市场营销计划对现实营销活动组织的重要意义主要体现在以下几个方面。

（1）提供方向性指导：市场营销计划为现实营销活动提供了方向性的指导。

（2）优化资源配置：市场营销计划可以帮助企业优化资源配置，提高资源利用效率，使企业可以更合理地分配营销费用，提高营销活动的效果。

（3）增强市场响应能力：市场营销计划可以帮助企业更好地了解和预测市场变化，从而更快地做出响应。

（4）支持决策制定：市场营销计划基于数据和分析，为企业提供了科学的决策依据。这有助于企业在面对复杂多变的市场环境时，做出更加明智的选择。

综上所述，市场营销计划不仅是企业营销活动的蓝图，更是企业增强竞争力、实现可持续发展的关键。

案例二：

1. 宝洁公司在进入中国市场时，都做了哪些营销战略分析？

思考提示：宝洁公司在进入中国市场时所做的营销战略分析具体包括以下几个方面。

（1）市场定位：宝洁公司将自己定位为高品质、高性能消费品的提供商，旨在满足不同消费者的需求，这一市场定位帮助宝洁公司在中国市场上占据了重要地位。

（2）品牌影响力：宝洁公司拥有众多知名品牌，如沙宣、汰渍、帮宝适等，在中国市场上具有很高的知名度和美誉度，这些品牌成为宝洁公司在中国市场上的重要资产。

（3）研发实力：宝洁公司拥有强大的研发团队和先进的生产技术，能够不断推出创新产品，满足消费者不断变化的需求，这是宝洁公司在中国市场上的另一个竞争优势。

（4）市场推广能力：宝洁公司善于运用各种市场推广手段，提高品牌知名度和销售额。同时，宝洁公司注重与消费者的沟通和互动，以增强消费者对品牌的忠诚度。

（5）价格战略：宝洁公司进入中国以来一直采取的是市场“撇脂”的价格策略，即高价策略。然而，到了 20 世纪 90 年代初，日化用品行业持续的价格促销对宝洁公司造成了不良影响。但宝洁公司通过价值定价重新将价格掌控在自己手中，断绝分销商和消费者对折扣低价的依赖性，既挽救了岌岌可危的消费者品牌忠诚度，又保护了品牌的完整性。

（6）产品组合：宝洁公司的产品组合包括洗发护发用品、个人消费用品、护肤品及化妆品、妇女保健用品、口腔护理用品、家庭护理产品、婴儿护理用品、食品饮料、纸巾类用品等多条产品线，每条产品线又包含若干产品项目。这种多元化的产品组合使宝洁公司的产品能够满足消费者在日常生活中的各种需求。

综上所述，宝洁公司在进入中国市场时，通过市场定位、品牌影响力、研发实力、市场推广能力、价格战略、产品组合等多种营销战略分析，成功地在中国市场上站稳了脚跟并取得了显著的成绩。

2. 宝洁公司的产品在中国市场上取得成功的秘诀是什么？

思考提示：宝洁公司的产品在中国市场上取得成功的秘诀主要包括以下几点。

（1）大品牌策略：在渗透率方面，宝洁公司采取了大品牌策略。大品牌意味着品质能得到保障，可以降低选择成本。宝洁公司旗下拥有众多品牌，并且许多品牌都占有较大的市场份额。

（2）大媒体策略：在想得起方面，宝洁公司采取了大媒体策略。凭借着强大的广告攻势，消费者经常能看到宝洁公司的产品广告，宝洁公司在国内日化市场上的市场占有率得到了有力的保障。

（3）大渠道策略：在买得到方面，宝洁公司采取了大渠道策略。宝洁公司在全国设有四个销售区域，每一个销售区域都配有相应的区域分销中心，并有相应的后勤、财务、人力资源和营销行政人员。

综上所述，宝洁公司的产品在中国市场上取得成功的秘诀在于其大品牌、大媒体、大渠道策略的运用。这些因素共同作用，使得宝洁公司的产品能够在激烈的市场竞争中脱颖而出，赢得消费者的信任和忠诚度。

（二）拓展阅读题

参考答案：略。

第十单元　本单元同步训练

一、知识巩固部分

（一）单项选择题

1. D　2. C　3. A　4. B　5. A　6. C　7. D　8. C　9. A　10. D

（二）多项选择题

1. ACD　2. ABD　3. ABCD　4. ABCD　5. ABD

（三）判断题

1. √　2. ×　3. ×　4. ×　5. √

二、能力训练部分

（一）思维训练题

案例一：

1. 网络广告与传统广告相比有何特点？

思考提示：网络广告与传统广告相比，具有以下特点。

（1）传播范围广：网络广告的传播范围不受时空限制，可以通过互联网全天候、24 小时不间断地传播到世界各地。

（2）受众数量可准确统计：利用传统媒体做广告时，难以准确知道有多少人接触到了广告信息。而在互联网上，可以通过权威、公正的访客流量统计系统，精确统计每个广告的浏览人数及这些用户的查阅时间和地域分布。

（3）灵活的时效性：在传统媒体上做广告，一旦发版就很难更改。而在互联网上做广告，则能按需及时更改广告内容，包括修正错误。

（4）强烈的交互性和感官性：网络广告的载体基本是多媒体、超文本格式文件，只要受众对产品感兴趣，点击鼠标就能进一步了解更多、更详细、更生动的信息。

（5）互动性强：网络广告可以实现信息的传递与交换，可以直接收集消费者的信息，比如网络调查等。

（6）连续不间断：网络广告与电视广告相比，1 天 24 小时都在工作，并且通过技术手段，可以实现视频/动画等类似于电视广告的投放形式。

（7）成本较低：网络广告的成本与传统广告的成本相比要低得多，合理使用网络广告可以节省更多的销售成本。

总之，网络广告相较于传统广告，在传播范围、受众统计、时效性、交互性、成本等方面具有明显优势。

2. 淘宝网利用了哪些网络媒体？成效如何？

思考提示：淘宝网利用了多种网络媒体进行推广和运营，其中包括“淘宝头条”“微博”“优酷土豆”等。这些网络媒体不仅帮助淘宝网建立了内容生态，还通过“网红”和创作者进一步推广商品与品牌。例如，“淘宝头条”作为一个在线消费类媒体平台，为卖家提供了更多势能，优质内容可以获得高阅读量，甚至达到 800 万+的阅读量。此外，淘宝网还与“微博”“优酷土豆”等平台合作，通过短视频和直播等形式吸引用户，提升用户购物体验。

在取得的成效方面，2024 年淘宝内容电商盛典上公布的数据显示，2023 年淘宝内容消费用户规模同比增长 44%，月成交破百万的直播间达 1.2 万个。新增 863 万名内容创作者和 77 万个新开播账号。这些数据表明，淘宝网的电商战略不仅吸引了大量用户和创作者，还明显提升了交易量和用户活跃度。

案例二：

1.“蜜雪冰城”之所以成功，与其营销手段密不可分。“蜜雪冰城”的营销手段有何独特之处？

思考提示：“蜜雪冰城”成功的营销手段主要包括以下几个方面。

（1）采取低价策略。“蜜雪冰城”的产品定价普遍较低，据统计，“蜜雪冰城”的产品售价在同类产品中属于最低的，几块钱的甜筒、柠檬水、奶茶，一下子就抓住了消费者的心，让消费者用最低的价格享受到美味饮品。

（2）采用多重营销方式，助力“蜜雪冰城”提高知名度。再好的产品如果没有好的运营最终也会归零。“蜜雪冰城”采用了线上线下两种运营方式，线上依托美团、饿了么等外卖平台提高知名度；线下通过开设特色专营店给消费者留下深刻的印象，吸引消费者。再者，“蜜雪冰城”为了提升品牌“声量”，选择了声音传播形式，利用声音营销，非常明智。

（3）利用社交媒体平台开展营销推广活动。“蜜雪冰城”经常推出各种优惠活动，如买多少送多少、买产品送等额优惠券、满 10 元抽奖送“福袋”等，这些活动有效地吸引了消费者并提高了复购率。

（4）打造品牌 IP：“蜜雪冰城”打造了活泼可爱的雪人 IP 形象——“雪王”，并通过各种营销活动和品牌周边产品增强了消费者对品牌的认同。

总之，“蜜雪冰城”通过一系列独特的营销手段，在激烈的市场竞争中脱颖而出，并取得了巨大的成功。

2. 如此高的人气流量，“蜜雪冰城”是如何做到的？

思考提示：“蜜雪冰城”之所以能够获得如此高的人气流量，主要得益于以下几个方面。

（1）全面媒体化：“蜜雪冰城”拥有超过 40 000 家门店，这些门店既是销售场所，也是传播品牌的媒体。每个触点，如门头、菜单、“雪王”玩偶、包装袋等，都成为品牌的传播起点。这种大规模的线下媒体布局，结合亲民的价格，使得“蜜雪冰城”在渗透率、知名度和获取性方面具有显著优势。

（2）创造营销日历：“蜜雪冰城”创建了自己的营销日历，每年定期举行相同的营销活动。例如，购买特定饮品满一定金额可以抽取“福袋”，袋内的奖品不定。这种活动不仅增加了消费者的参与度，还利用了“福袋”这一概念带来的好运象征，激发了消费者的分享欲望。

（3）超级符号：“蜜雪冰城”的主题曲《你爱我，我爱你》大火，背后就是品牌的营销策略。通过音乐这一超级符号，“蜜雪冰城”成功吸引了广泛的关注，强化了消费者对品牌的记忆。

（4）产品差异化和创新：“蜜雪冰城”的产品策略是“给老产品一种新特性”，在保留原有受欢迎的口味基础上进行“口味增值”。此外，果茶系列和奶茶系列也通过不断研发与改进，形成了完整的产品体系，满足了消费者的不同口味需求。

（5）价格策略：“蜜雪冰城”的价格策略是其竞争优势之一。产品价格基本在3—10元，既能保证一定的利润，又远低于普通大众的消费水平，使得人人都买得起，从而保证了门店的持续性消费和高流量转化率。

总之，“蜜雪冰城”就是通过全面媒体化、创造营销日历、超级符号、产品差异化和创新及价格策略等多种手段，成功获取了大量的人气流量。

（二）拓展阅读题

参考答案：略。

附 录
营销师国家职业技能鉴定考试仿真模拟试卷

营销师国家职业技能鉴定考试仿真模拟试卷（一）

理论知识部分

一、单项选择题（共30题，每题1分，共30分。请将最恰当的答案前的字母填入括号中，多选、漏选或错选均不得分）

1. 信誉是指信用和声誉，它是在长时间的商品交换过程中形成的一种（　　）关系。

A. 依赖　　B. 公平　　C. 信赖　　D. 买卖

2. 市场营销管理的实质是（　　）。

A. 销售管理　　B. 生产管理　　C. 需求管理　　D. 品牌管理

3. 道德调控过程是在人的内心完成的，不需要支付物质成本，因而是（　　）的社会调控手段和方法。

A. 最浪费　　B. 最节约　　C. 最直接　　D. 最间接

4. 客户观念强调满足的是（　　）。

A. 每一个子市场的需求　　B. 多个子市场的需求

C. 每个客户的特殊需求　　D. 多个客户的特殊需求

5. 人们购买化妆品，并不是为了获得它的某些化学成分，而是要获得“美”，从这个角度来说，化妆品所提供的“美化”功能属于（　　）。

A. 潜在产品层　　B. 附加产品层　　C. 形式产品层　　D. 核心产品层

6. 市场是指由一切具有特定的欲望和需求并且愿意和能够以（　　）来满足此欲望和需求的潜在顾客所构成。

A. 交换　　B. 乞求　　C. 生产　　D. 掠夺

7. 那些通过购买商品和劳务以转售或出租给他人获取利润的组织构成的市场属于（　　）。

A. 消费者市场　　B. 产业市场

C. 中间商市场　　D. 非营利组织市场

8. 企业营销活动的出发点和归宿是（　　）。

A. 顾客　　B. 企业　　C. 产品　　D. 营销人员

9. 瑞士雀巢公司经过漫长的努力，使几千年来都崇尚“茶文化”的日本等国的青年一代以喝咖啡为时髦，该公司的这种行为属于（　　）。

A. 适应需求　　B. 满足需求　　C. 创造需求　　D. 管理需求

10. 某人需要娱乐，而能满足娱乐需求的产品或服务可有多种表现形式：旅游、打球、看电影、听戏、唱歌卡拉 OK 等，这些表现形式就构成这个人的一个（　　）。

A. 产品选择系列　　B. 供给选择系列

C. 需求选择系列　　D. 愿望满足系列

11. 马斯洛在对人的基本需求研究的基础上把其划分为五个层次。其中，最高层次的需求是（　　）。

A. 生理需求　　B. 安全需求　　C. 社会需求　　D. 自我实现需求

12. 消费者喜欢那些可以随处买得到而且价格低廉的产品，企业应致力于提高生产效率和分销效率，扩大生产，降低成本以扩展市场。这种市场营销观念叫做（　　）。

A. 生产观念　　B. 推销观念　　C. 产品观念　　D. 市场营销观念

13. 在产品观念的指导下，企业的营销行为比较容易产生（　　）。

A. 市场营销轻视　　B. 市场营销远视

C. 市场营销重视　　D. 市场营销近视

14. 市场营销组合因素通常都是由市场营销人员来决定的，所以它们也时常被称为（　　）。

A. 宏观环境变量　　B. 微观环境变量

C. 可控变量　　D. 不可控变量

15. 市场营销组合的特点是（　　）。

A. 是企业不可控因素　　B. 是一个单一结构

C. 是一个静态组合　　D. 受企业市场定位战略制约

16. 下列营销要素不属于 4C 理论内容的是（　　）。

A. 有形展示　　B. 成本　　C. 渠道　　D. 沟通

17. 按产品的耐用性和有形性分，在正常情况下能够多次使用的物品称之为（　　）。

A. 耐用品　　B. 非耐用品　　C. 服务　　D. 便利品

18. （　　）是指在技术上和结构上密切相关，具有相同使用功能，规格不同，而满足同类需求的一组产品。

A. 产品组合　　B. 产品线　　C. 产品项目　　D. 产品系列

19. 某空调公司在市场上推出了一款只卖 999 元的经济型产品，而它的高档产品至少要卖 20 000 元，该公司想在吸引顾客来看经济型空调时，尽力设法影响他们购买更高档的空调。该公司的这种产品大类决策属于（　　）。

A. 扩大产品组合决策　　B. 产品线更新决策

C. 缩减产品组合决策　　D. 产品线号召决策

20. 20 世纪 50 年代中期，随着市场竞争的加剧，市场营销管理哲学逐渐演变为（　　）。

A. 生产观念　　B. 产品观念　　C. 推销观念　　D. 市场营销观念

21. 当人们决定通过（　　）来满足需要和欲望时，才出现了市场营销。

A. 乞讨　　B. 掠夺　　C. 交换　　D. 生产

22. 分销渠道的终点是（　　）。

A. 零售商　　B. 批发商　　C. 消费者　　D. 专卖店

23. 像麦当劳、肯德基等公司通过特许经营而建立起来的销售网络属于（　　）。

A. 管理式分销系统　　B. 公司式分销系统

C. 产权式分销系统　　D. 契约式分销系统

24. 契约式分销系统与公司式分销系统的最大区别是（　　）。

A. 成员间不形成产权关系　　B. 成员间不形成经营关系

C. 用契约来规范各方行为　　D. 用管理来规范各方行为

25. 对于经销商而言，最重要的是（　　）。

A. 客户　　B. 制造商　　C. 政府　　D. 竞争者

26. 以下不属于商务谈判的主要特征的是（　　）。

A. 以经济利益为目的　　B. 是一个零和博弈的过程

C. 以价格作为谈判的核心　　D. 讲求谈判的经济效益

27.（　　）是指商业机构（企业或公司）使用 Internet 或各种商务网络向供应商（企业或公司）订货和付款。

A. B to B　　B. C to C　　C. B to C　　D. C to B

28. 关系营销是指（　　）。

A. 企业开展公共关系的营销方式

B. 企业搞好与政府有关部门关系的营销

C. 以系统论为基本思想，建立并发展与消费者、竞争者、供应商、分销商、政府机构和社会组织的良好关系的营销

D. 根据顾客之间的关系来开展营销

29. 在 CS 营销战略下，企业开发产品的源头是（　　）。

A. 企业利润要求　　B. 企业生产工艺

C. 顾客需求　　D. 顾客购买行为

30. 交叉销售的本质是（　　）。

A. 交叉各种因素，提供完美解决方案，满足客户整体需求

B. 产品的交互搭售

C. 销售服务定制化

D. 沟通

二、多项选择题（共20题，每题1分，共20分。请将正确答案的字母填入括号中，多选、漏选或错选均不得分）

1. 下列对交换与市场营销的关系描述正确的是（　　）。

A. 当人们决定通过交换来满足需求与欲望时，才出现了市场营销

B. 市场营销是先于交换的前提性概念

C. 交换是市场营销理论的中心

D. 如果没有交换行为，就不能构成市场营销活动

2. 以购买者购买行为的特点为标准来划分，可以把市场划分为（　　）。

A. 一般商品市场　　B. 特殊商品市场

C. 消费者市场　　D. 组织市场

3. 在市场营销学中，市场的大小取决于那些（　　）的人数。

A. 有某种需要

B. 拥有使别人感兴趣的资源

C. 愿意以这种资源来换取其需要的东西

D. 处于一定的市场环境

4. 关于市场营销人员的作用，下列说法正确的是（　　）。

A. 市场营销人员创造消费者的需要

B. 市场营销人员并不创造消费者的需要，而是影响消费者的欲望

C. 市场营销人员可开发及销售特定的服务或产品来满足这种欲望

D. 市场营销人员使人们购买并不需要的东西

5. 生产观念是一种重生产、轻市场营销的商业哲学，这种观念的形成主要来源于（　　）。

A. 供不应求，因而消费者更在乎的是能否得到产品而不是它的优点

B. 产品质量差，因而消费者最喜欢高质量、多功能和具有某种特色的产品

C. 成本太高，因而必须以提高劳动生产率来扩大市场

D. 大规模生产，因而商品产量迅速增加，产品质量不断提高

6. 下列说法中正确的是（　　）。

A. 企业能够影响自己所处的市场营销环境

B. 企业只能被动地适应所处的环境

C. 市场营销组合中的变量在一定程度上都可控

D. 企业所处的环境对企业而言是不可控的

7. 市场营销组合的特点是（　　）。

A. 市场营销组合要素对企业来说都是“可控因素”

B. 市场营销组合是一个复合结构

C. 市场营销组合是一个动态组合

D. 市场营销组合要受企业市场定位战略的制约

8. 产品是市场营销组合的一个变量，与之相关的因素包括（　　）。

A. 产品的开发与生产　　B. 产品的包装

C. 产品的商标　　D. 产品的质量保证

9. 根据如何进入生产过程和相对昂贵这两点，可以把工业品分为（　　）。

A. 材料和部件　　B. 资本项目　　C. 供应品　　D. 服务

10. 企业扩大产品组合的方式有（　　）。

A. 扩展产品组合的宽度　　B. 产品线更新

C. 加强产品组合的深度　　D. 品牌扩展

11. 产品线延伸策略的实现方式主要有（　　）。

A. 向上延伸　　B. 向下延伸　　C. 向内延伸　　D. 向外延伸

12. 逐步实现技术改造的产品，其现代化决策的特点是（　　）。

A. 可以节省资金耗费　　B. 可以出其不意，击败竞争对手

C. 使竞争者有充足的时间设计产品大类　D. 价格折扣

13. 价格是市场营销组合的一个变量，与之相关的决策包括（　　）。

A. 高价投放　　B. 低价渗透　　C. 基本价格　　D. 价格折扣

14. 市场撇脂定价的条件有（　　）。

A. 市场有足够的购买者，他们的需求缺乏弹性

B. 在高价情况下，仍然独家经营，别无竞争者

C. 某种产品定价很高，使人们容易产生这种产品是高档产品的印象

D. 高价使需求减少一些，因而产量减少一些，单位成本增加一些，但这不至于抵消高价所带来的利益

15. 需求差别定价的形式主要有（　　）。

A. 因顾客而异　　B. 因时间而异　　C. 因地点而异　　D. 因产品而异

16. 下列对传统分销渠道模式的优缺点的描述正确的是（　　）。

A. 具有较大的灵活性，可以随时、任意地淘汰或选择分销渠道

B. 易于安排生产与销售，渠道控制力强

C. 渠道成员各自追求自己利益最大化，会使整体分销效率下降

D. 渠道成员之间缺乏信任感和忠诚度，难以形成长期的渠道成员关系

17. 沟通过程模式包括的主要要素有（　　）。

A. 发送者　　B. 接受者　　C. 解码和编码　　D. 噪声

18. 以下属于确定促销组合需要考虑的因素有（　　）。

A. 产品类型　　B. 营销战略　　C. 市场特点　　D. 产品生命周期

19. 商务谈判的主要内容主要包括（　　）。

A. 价格（金额）的谈判　　B. 谈判时间的谈判

C. 合同条款的谈判　　D. 谈判地点的谈判

20. 商务谈判的种类主要包括（　　）。

A. 货物买卖谈判　　B. 技术买卖谈判

C. "三来一补"谈判　　D. 租赁业务谈判

技能操作部分

一、情景模拟题（请考生阅读一段情景案例，并通过分析提供解决问题的思路，最后设计出解决方案。本题 20 分）

情景案例：

王部长：您好！我们终于见面了！早就久闻大名了啊！

李咨询师：哪里哪里呀！我也是多次听朋友提起您。前段时间我的同事与你们已经有过接触，我们对贵酒厂的情况有了初步的了解，并做了一定的市场调查，这次会谈我们要对这个项目进行一些深入性的探讨！

王部长：是啊，我也是早就盼着跟您聊聊。我们厂的"状元红"极品黄酒今年 6 月上市，目前在杭州较大的商场、超市基本都能买到，但是销售情况就是不理想。我也是百思不得其解，李先生有什么高见呢？

李咨询师：贵公司销售存在的问题我理解，通过市场调查，我们认为主要有两个方面的原因。

王部长：李先生您不妨直说，我是盼着您给出一剂良药啊！

李咨询师：一是因为新品上市的广告宣传力度不够，二是因为产品形象不够鲜明。

王部长：好啊！您具体说一说。

李咨询师：我们走访过几家商场、超市，消费者和售货员普遍反映贵厂的"状元红"极品黄酒包装设计一般。"状元红"是具有传统文化底蕴的品牌，但其酒瓶采用的是极具现代特色的葡萄酒酒瓶，包装设计没有体现出高贵的品质和文化内涵。这些都是影响销售的因素。

王部长：嗯，您说的对，统治酒类市场的是文化，酒的功能再好，如果没有文化内涵，也是很难被认可的。然后呢？

李咨询师：贵公司的黄酒气味浓郁芬芳，口感纯正地道，深得老酒民的喜爱，在沪、浙高档黄酒市场占有牢固的市场地位。但是，因为酒精度过高、口感偏重、后劲过大等原因，与年轻一代低度、淡爽的需求潮流不符。而且过去的广告老是强调功能利益，品牌形象缺乏，品牌远未树立。

王部长：有道理，看来“好酒不怕巷子深”的时代是永远过去了，得符合市场变化的潮流啊！

李咨询师：王部长说得对，在市场面前，我们只能顺势利导，而不能逆水行舟！

王部长：是啊，我们“状元红”极品黄酒的定位就是25~40岁的年轻一代，尤其是白领。目的就是让原先不喝或很少喝黄酒的人来品尝“状元红”。

李咨询师：所以说，贵公司在酒的设计和宣传上更应该适应年轻一代的特点。

王部长：那年轻一代真正需要的是什么呢？

李咨询师：现代都市年轻人对酒类的要求是时尚、营养和淡爽，同时又注重酒的祝愿、庆贺和文化涵义。所以你们要围绕这些做文章、做宣传。

王部长：我们的“状元红”极品采用“低温密藏”的传统工艺，并在酒中添加了桂圆、莲子、枸杞子的浸出物，适合现代人缓解紧张与压力，讲究日常保健的生活需要，属于营养型黄酒。另外，我们起名“状元红”极品，既有文化底蕴，又符合现代精神。应该说，我们在满足年轻人需要方面是下了一番功夫的。

李咨询师：是啊，但是好的产品需要好的广告宣传。贵公司“状元红”极品现在的广告以诉求“成功”为主，但是一个人一生中毕竟只有少数几次成功。以成功作为卖点，不具普遍性。另外杭州人素来有“小富即安”的心态，对自己充裕舒适的生活容易满足，所以把成功作为诉求点，影响力不够强。

王部长：那您认为我们应该怎样进行广告宣传呢？

李咨询师：我们已就贵公司的广告投放策略做了一份建议书，稍后我会提交给您过目。

王部长：好，那我们今天上午就谈到这里，下午咱们接着聊。

结合黄酒厂市场部王部长与营销咨询公司李咨询师所进行的一段对话，回答下列问题：

（1）结合黄酒厂的产品特点，分析如何为“状元红”极品黄酒进行市场定位，制定整体产品概念。

（2）秋季将至，为促进“状元红”极品黄酒的销售，王部长应采用什么样的产品宣传和促销策略？

二、案例分析题（请考生根据案例陈述的内容，并结合所学到的营销知识，对案例后的问题做出较为详细的回答。本题 30 分）

案例内容：

北京凯达公司是一家专门从事电脑生产的公司，该公司所生产的电脑主要针对企业，迎合了企业的某些特殊需求。但随着家用电脑市场的不断成熟，该企业也开始意识到生产家用电脑的重要性。因此，想在短期内进入家用电脑市场。但是公司领导人认为，虽然公司的技术可以支持家用电脑的生产，但公司在品牌上却不一定具有优势，因为公司的品牌主要在产业用户中具有影响力，而家庭用户却不一定知道这个品牌。为了验证这个市场，该公司决定进行一次市场调研，通过实地调查来了解消费者对该品牌的了解。于是该公司请 A 市场调研公司为其提供市场调研问卷，自己组织调研。但是在实际调查过程中却出现了问题：很多被调查者不愿意提供合作，认为该问卷太复杂，很多问题都不理解，并且填这样的问卷太浪费时间，而且还有一些内容涉及了个人隐私。因此，该公司并没有取得自己想要的东西。为此，公司召开了专门会议讨论问题的所在。

问题：

（1）请帮助该公司分析，出现这些问题的原因是什么？

（2）该公司想重新设计一份调查问卷，请问该调查问卷应该包括哪些内容？

（3）为了避免被调查者的抵触，在设计具体的问卷时，该公司应注意哪些问题？

营销师国家职业技能鉴定考试仿真模拟试题（一）答案

理论知识部分

一、单项选择题（本题30分）

1. C 2. C 3. B 4. C 5. D 6. A 7. C 8. A 9. C 10. A 11. D 12. A 13. D 14. C 15. D 16. A 17. A 18. B 19. D 20. D 21. C 22. C 23. D 24. A 25. A 26. B 27. A 28. C 29. C 30. A

评分标准：总分30分，每题答对得1分；多选、漏选或错选均不得分。

二、多项选择题（本题20分）

1. ACD 2. CD 3. ABC 4. BC 5. AC 6. AC 7. ABCD 8. ABCD 9. ABCD 10. AC 11. AB 12. AC 13. ABCD 14. ABCD 15. ABCD 16. ACD 17. ABCD 18. ABCD 19. ABCD 20. ABCD

评分标准：总分20分，每题答对得1分；多选、漏选或错选均不得分。

技能操作部分

一、情景模拟题（本题20分）

本题参考答案及评分标准：

（1）定位是企业产品战略的集中表现。“状元红”极品黄酒的定位如下：（5分）

产品功能定位：柔和醇厚，营养宜人。

感性利益定位：时尚、祝愿、庆贺和文化渊源。

品牌形象定位：兼有古典与现代之美。

目标客户定位：中青年，尤其是时尚中青年

“状元红”极品黄酒的产品整体概念：（5分）

核心产品层：时尚、营养、淡爽，突出文化内涵。

形式产品层：采用绍兴民间的酿酒传统工艺，低温密藏十多年，科学融入桂圆、莲子、枸杞子等多种营养物质。产品包装兼容文化底蕴和现代精神。

产品品质方面：在酒精度数上，大胆降低，突破一般黄酒的国家标准；在口感上力求清爽适口，迎合潮流。

（2）“状元红”极品黄酒的销售，适宜采用的产品宣传和促销策略主要有：

① 产品宣传方面：

媒体策略目标定位为：短期内快速提高“状元红”极品黄酒的品牌知名度，积极营造声势。前期以高达到率为目标，后期以锁定目标消费群体，有效频次为主要媒体目标。

在媒体投放策略上，产品上市初期，以大众媒体投放为主，采用电视广告和报纸炒作相结合的“软硬兼施”手法。上市后，选择中秋、国庆等节日，针对目标群体进行重点投放，并以杭州为中心由点到面逐步向周边市县进行策略性扩张。(5 分)

② 销售促进方面：

中秋、国庆是主要送礼的季节。因此，在节前，可以针对中秋、国庆市场开展礼品装赠送活动和有奖促销活动，扩大“状元红”极品黄酒在消费者群体间的影响。同时，在各种媒体上继续大力宣传产品。

中秋、国庆也是年轻人结婚比较集中的季节，可以利用举办婚庆活动频繁的有利契机做一些文章，搞一些推广、促销活动。如：在中秋、国庆期间结婚的夫妇可以凭结婚证，领取一定数量“状元红”极品黄酒的赠品；也可以凭借结婚证在购买“状元红”极品黄酒时享受八折优惠；等等。(5 分)

二、案例分析题（本题 30 分）

本题参考答案及评分标准：

（1）该公司之所以出现上述问题是因为在进行问卷设计时有些事项事先没有充分考虑周全：提问的内容太多、太复杂；在设计问题时，用词不够贴切、通俗；问卷中的一些问题设计得比较敏感，甚至有的涉及个人隐私；等等。对于这样的一份问卷，被调查者往往比较容易采取抵触的态度。(10 分)

（2）作为一份调查问卷，一般包括三个部分：①问卷的开头，包括有问候语、填表说明和问卷编号；②问卷的正文，包括资料搜集、被调查者的基本情况和编码；③问卷的结尾，包括被调查者的意见、感受，或者是记录调查情况，也可以是感谢语以及其他补充说明等等。(10 分)

（3）要想避免被调查者的抵触，在问卷设计过程中需注意的问题有：提问的问题内容应尽可能简短；用词用语要规范、确切和通俗；尽可能一项提问只涉及一个内容；避免诱导性提问；避免采用否定形式的提问；切忌带有敏感性或涉及个人隐私的问题。(10 分)

营销师国家职业技能鉴定考试仿真模拟试卷（二）

理论知识部分

一、单项选择题（共30题，每题1分，共30分。请将最恰当的答案前的字母填入括号中，多选、漏选或错选均不得分）

1. 洽谈活动中，较合适的距离是在（　　）之间，这也是谈判桌的常规宽度。

A. 0.5至1米　　B. 1至1.5米

C. 0.8至1.2米　　D. 1.2至1.8米

2. 寒暄有很多类型，如早晨在路上问："早上好，上班吗?"在食堂问："吃过了吗?"这种问候方式属于（　　）型。

A. 表现礼貌　　B. 言他

C. 触景生情　　D. 表现对对方关心

3. 语言是人们表达（　　）的工具，也是一门艺术。

A. 思想情感　　B. 购买欲望　　C. 社会需求　　D. 所想所看

4. 对于双边业务洽谈来说，多采用（　　）的桌子。

A. 圆形　　B. 长方形　　C. 正方形　　D. 椭圆形

5. 一般来说，亚、非、拉、中东地区的客商相对注重礼物的（　　）。

A. 意义　　B. 情感价值　　C. 外形　　D. 货币价值

6. 在（　　），孔雀受到该国人民的喜爱，适合用作商标图案。

A. 英国　　B. 法国　　C. 委内瑞拉　　D. 泰国

7. （　　）是指组织者或者经营者发展人员，通过对被发展人员以其直接或者间接发展的人员数量或者销售业绩为依据计算和付给报酬，或者要求被发展人员以交纳一定费用为条件取得加入资格等方式牟取非法利益、扰乱经济秩序、影响社会稳定的行为。

A. 直销　　B. 传销　　C. 串销　　D. 骗销

8. 西方人普遍认为"13"这个数字是凶险或不吉利的，常以（　　）代替。

A. "14（A）"　　B. "14（B）"　　C. "13（B）"　　D. "13（A）"

9. "今天天气真好。"这类寒暄形式属于（　　）。

A. 问候型　　B. 夸赞型　　C. 言他型　　D. 攀认型

10. CS战略考虑问题的起点是（　　）。

A. 顾客　　B. 企业形象　　C. 市场　　D. 产品品牌

11. 下列选项中不属于交叉销售的优点的是（　　）。

A. 提高客户转换成本，增加客户忠诚度

B. 提高客户感知价值，增加客户满意度

C. 扩大销量，增加利润

D. 发掘现有客户潜力，提高客户盈利性

12. 以下着重体现了整合营销与整合营销传播的关系的是（　　）。

A. 整合营销传播的概念与整合营销都注重营销的所有环节

B. 整合营销侧重营销信息传播手段的整合以及对传播效率的评价

C. 整合营销传播和整合营销二者没有显著的内在联系

D. 整合营销传播是整合营销的有机组成部分

13. 数字化整合营销可以概括为“一四二”模式，其中，“一”代表一个中心，即（　　）。

A. 市场占有率　　B. 市场增长率　　C. 客户占有率　　D. 销售利润率

14. （　　）是指当事人双方互负对待给付义务的合同，即一方当事人所享有的权利是另一方当事人所负有的义务，反之亦然。

A. 双方合同　　B. 单务合同　　C. 书面合同　　D. 无偿合同

15. 一方通过履行合同规定的义务而给对方某种利益，对方要求得到该利益必须为此支付相应代价的合同属于（　　）。

A. 实践合同　　B. 要式合同　　C. 有偿合同　　D. 诺成合同

16. 经济合同当事人双方权利义务共同指向的对象称之为（　　）。

A. 条款　　B. 价款　　C. 标的　　D. 内容

17. 某公司在跟其合作伙伴所签订的合同中，除了包括对方所提供的格式条款外，还针对某些特殊情况制定了非格式条款，当格式条款与非格式条款不一致时，应该以（　　）为准。

A. 格式条款　　B. 非格式条款

C. 相关法律　　D. 以往合作方式

18. 消费者依据（　　）权要求经营者提供的商品和服务符合保障人身、财产安全的要求。

A. 安全保障　　B. 公平交易　　C. 自主选择　　D. 获得知识

19. 某旅游公司在网上推出“按单服务”旅游项目。游客进入网站后，用鼠标同公司“对话”，选择旅游项目、安排日期或提出自己的特殊要求。该公司在营销过程中所注重的是（　　）。

A. 营销技术数字化　　B. 客户关系互动化

C. 产品服务定制化　　D. 沟通响应适时化

20. 消费者权利是指（　　）。

A. 个人和法人依法在消费领域作出一定行为的权利

B. 消费者依法在消费领域作出一定行为或要求他人作出一定行为的权利

C. 个人和法人在消费领域作出一定行为或要求他人作出一定行为的权利

D. 消费者在受到权益侵犯时要求他人作出一定行为的权利

21. 参与产品生产、流通、交换等过程的生产经营者是承担产品质量义务的（　　）。

A. 客体　　B. 对象　　C. 主体　　D. 桥梁

22. 侵犯消费者合法权益的行为应承担的民事责任，包括侵权责任和（　　）。

A. 赔偿责任　　B. 法律责任　　C. 违约责任　　D. 质量责任

23. 我国《反不正当竞争法》的调整对象包括监督管理机构与经营者之间的（　　）关系。

A. 民事赔偿　　B. 互负责任　　C. 行政管理　　D. 监督管理

24. 下列情形不会造成行政处罚的是（　　）。

A. 生产国家明令淘汰的商品

B. 超量生产商品导致大量积压，最终引起价格下降

C. 对商品或服务做引人误解的虚假宣传

D. 侵害消费者人格尊严

25. 由政府价格主管部门或者其他有关部门，按照定价权限和范围制定的价格属于（　　）。

A. 市场调节价　　B. 政府定价　　C. 政府指导价　　D. 市场自主价

26. 政府价格主管部门在进行监督检查时，在查询、复制与价格违法行为有关的账簿、单据、凭证、文件及其他资料的同时，如有必要还应核对与价格违法行为有关的（　　）。

A. 税收资料　　B. 利润资料　　C. 成本资料　　D. 银行资料

27. 我国劳动法规定，公民参与劳动法律关系必须年满（　　）周岁，并具有劳动能力。

A. 16　　B. 17　　C. 18　　D. 20

28. 劳动合同按期限分，可分为有固定期限、无固定期限和（　　）三种。

A. 待定期限　　B. 以完成一定的工作为期限

C. 临时期限　　D. 灵活期限

29. 劳动者享有物质帮助的权利，以下各项中不是物质帮助权表现的是（　　）。

A. 社会救济　　B. 合作医疗　　C. 公费医疗　　D. 劳动保护

30. 延长工作时间是指职工根据单位要求，在（　　）以外或法定假日内进行工作。

A. 正常工作日　　B. 标准工作日　　C. 法定工作日　　D. 合同工作日

二、多项选择题（共20题，每题1分，共20分。请将正确答案的字母填入括号中，多选、漏选或错选均不得分）

1. 成功商务谈判模式主要由（　　）构成。

A. 制定洽谈计划　　B. 建立洽谈关系

C. 达成洽谈协议　　D. 履行洽谈协议

2. 在谈判中，应当遵循的谋略有（　　）。

A. 谈判者顺从对方的需要　　B. 谈判者不顾对方和自己的需要

C. 谈判者同时服从对方和自己的需要　　D. 谈判者不顾对方的需要

3. 要保证谈判中我们的逻辑思维正确而不发生或少发生偏差，需要（　　）。

A. 正确选择思维的方式　　B. 正确选择思维的目标

C. 制定思维的具体步骤　　D. 对思维进行动态控制

4. 以下属于日本人的谈判风格的是（　　）。

A. 非常注意地位同等　　B. 在贸易活动中常有送礼的礼节

C. 当着送礼人的面打开礼物　　D. 初次来访的客人一定要带上礼物

5. 在春秋季，女性在较为正式的洽谈活动场合中，着装应以（　　）为佳。

A. 西装　　B. 西装套裙　　C. 衬衫　　D. 毛衣套装

6. 下列说法正确的是（　　）。

A. 巴西的男人爱开玩笑，但忌以当地民族问题作笑料

B. 阿根廷商界流行的是握手礼

C. 在埃塞俄比亚一年分为十三个月

D. 巴西妇女们相见时脸贴脸，且用嘴唇亲吻对方脸庞

7. 以下属于直销员业务培训管理办法的规定的是（　　）。

A. 直销企业进行直销培训和考试，不得收取任何费用

B. 直销企业向符合《直销管理条例》规定条件的直销员、直销培训员颁发《直销员证》《直销培训员证》

C. 直销员向消费者推销产品时、直销培训员在进行直销培训活动时，应佩戴《直销员证》《直销培训员证》

D. 直销企业应在每月15日前将本企业上一个月取得《直销培训员证》的人员名册，通过企业所在地省级商务主管部门向商务部备案

8. 下列行为中，符合营销道德基本要求的是（　　）。

A. 营销人员偶尔违反向顾客许下的口头承诺

B. 营销人员对自己独立自主的营销活动及其带来的一切后果承担责任

C. 营销人员如实地为顾客介绍营销产品的优点和缺点

D. 营销人员在与竞争对手的竞争中始终遵循公平原则

9. 提升企业道德水准和社会责任感的措施主要有（　　）

A. 优化市场营销环境　　　　　　B. 塑造优秀企业文化

C. 制定营销道德规范　　　　　　D. 奉行社会营销观念

10. 顾客总价值是指顾客购买某一产品与服务所期望获得的一组利益，具体包括（　　）。

A. 产品价值　　B. 服务价值　　C. 人员价值　　D. 形象价值

11. 顾客总成本的构成要素包括（　　）。

A. 货币成本　　B. 时间成本　　C. 精神成本　　D. 体力成本

12. 关系营销的主要类型和层次有（　　）。

A. 被动型　　B. 负责型　　C. 能动型　　D. 伙伴型

13. 随着经济的发展，传统的 4P 理论已不适应新的情况，需要用 4C 理论来替代，下列属于 4C 理论内容的是（　　）。

A. 产品　　B. 顾客　　C. 成本　　D. 渠道

14. 下列属于绿色营销计划制定应考虑的因素有（　　）。

A. 分销　　B. 促销　　C. 产品　　D. 过程

15. 下列属于当今国际营销环境变化的特点的是（　　）。

A. 老龄化社会　　　　　　B. 经济的全球化

C. 网络的普及　　　　　　D. 经济结构高级化

16. 构筑交叉销售载体的方法有（　　）。

A. 产品功能的重构　　　　B. 产品造型的重构

C. 善用产品的包装　　　　D. 建立互联网销售

17. 根据合同法的有关规定，合同的主要形式有（　　）。

A. 书面合同　　B. 口头合同　　C. 有效合同　　D. 无效合同

18. 有效合同必须满足的条件是（　　）。

A. 合同当事人应当具有民事权力能力

B. 合同当事人应当具有民事行为能力

C. 订约当事人订立合同的意思表示要真实

D. 合同不能违反法律与社会公共利益

19. 承诺的特征表现为（　　）。

A. 承诺应由受要约人作出

B. 承诺是由受要约人向要约人作出的

C. 承诺的内容应当与要约的内容一致

D. 作为有效承诺的要件之一，承诺应当在要约确定的期限内到达要约人

20. 作为一项有效的要约应具备的条件有（　　）。

A. 要约人必须清楚地表明愿意按照要约内容订立合同

B. 要约原则上必须向一个或一个以上的特定人提出

C. 要约必须明确、具体、肯定

D. 要约必须传达到受要约人才生效

技能操作部分

一、情景模拟题（请考生阅读一段情景案例，并通过分析提供解决问题的思路，最后设计出解决方案。本题20分）

情景案例：

小王在2020年3月份被宝都集团派往A地负责市场开发工作。公司曾经连派两人去A地建立营销网络，但是都没有成功。小王去A地的一个重要任务就是理顺营销渠道，建立营销网络，为宝都集团顺利进入A地奠定基础。

小王驻扎A地以后，经过市场调查发现宝都酒在A地具有一定的知名度。当时A地的经销商情况为：

（1）大型商场15家。

（2）连锁超市20家，其中8家为私人投资兴建，5家为A地糖酒总公司投资兴建，7家为A地商贸局的实体，目前经营情况良好。

（3）A地有8家酒水批发大户控制着55%的市场份额，但经常拖欠厂家货款，使厂家的资金周转陷入被动。

建立健康而有效的营销网络是小王进驻A地的首要工作，同时又是一个巨大挑战。小王被派驻前经过分析，认为前两次失败的原因可能出在以下三个方面：

（1）对A地整个白酒市场状况和经销商的情况不了解；

（2）己方制定的政策不合理，没有取得经销商的合作认可；

（3）集团总部提供的销售支持不够。

接下来，小王按照集团的销售政策，给A地的宝都酒的批发价为32元/瓶，零售价为35.5元/瓶，销售良好。然而时间不长，小王突然发现宝都酒卖不动了。小王经过详细调查，发现B地的宝都酒竟然以低价格销到了A地，发生了严重的“窜货”现象。小王立即以书面报告向集团总部作了反映，并作了相应的处理。

问题：

（1）在这种情况下，如果你是小王，请问进入A地后，应如何理清建立健康营销网络的工作思路？

（2）对于小王遇到的“窜货”问题，请分析其中可能的原因。

（3）你认为应该怎样做才能有效遏制“窜货”问题？

二、案例分析题（请考生根据案例陈述的内容，并结合所学到的营销知识，对案例后的问题做出较为详细的回答。本题30分）

案例：

某手机制造商推出了一款新的智能手机，该手机具有独特的设计和先进的技术特性。然而，尽管产品在技术评测中获得了高分，但销量却未达预期。

问题：分析可能导致这种情况的原因，并提出改进措施。

营销师国家职业技能鉴定考试仿真模拟试题（二）答案

理论知识部分

一、单项选择题（本题 30 分）

1. B 2. C 3. A 4. B 5. D 6. D 7. B 8. A 9. C 10. A 11. C 12. D
13. C 14. A 15. C 16. C 17. B 18. A 19. C 20. B 21. C 22. C 23. D
24. B 25. B 26. D 27. A 28. B 29. D 30. B

评分标准：总分 30 分，每题答对得 1 分；多选、漏选或错选均不得分。

二、多项选择题（本题 20 分）

1. ABCD 2. ABCD 3. BCD 4. AB 5. AB 6. ABC 7. ABCD 8. BCD
9. ABCD 10. ABCD 11. ABCD 12. ABCD 13. BC 14. ABCD 15. ABCD
16. ABC 17. AB 18. ABCD 19. ABCD 20. ABCD

评分标准：总分 20 分，每题答对得 1 分；多选、漏选或错选均不得分。

技能操作部分

一、情景模拟题（本题 20 分）

本题参考答案及评分标准：

（1）小王进驻 A 地以后，首先要对 15 家大型商场，20 家连锁超市和 8 家酒水批发大户进行全面调查和认真分析。在此基础上，对商场、连锁超市和酒水批发大户进行优劣分析，这是从中选择和确定经销商的重要依据。其次要对 A 地的白酒市场，尤其是竞争对手进行整体的分析，以便“知己知彼”，制定切中要害的销售政策和营销策略。

尤其值得注意的是“A 地有 8 家酒水批发大户控制着 55%的市场份额，但经常拖欠厂家货款”。这对宝都集团打开 A 地市场是一个关键的突破口。小王应及时弄清楚 15 家商场和 20 家连锁超市与这些酒水批发大户的关系，是否存在一级批发和二级批发的问题？它们相互间的控制和影响程度有多大？销售政策应该向批发大户倾斜呢？还是向商场或连锁超市倾斜？这些问题务必要慎重考虑和解决。

经销商选择以后，小王面临的任务就是以协销者的身份，辅助经销商顺利销售，应设法让合作经销商重点销售本公司产品，建立长远的合作关系。(10 分)

（2）“窜货”现象是严重扰乱市场秩序的行为。

发生“窜货”的原因很多，主要表现在以下方面：

① 管理制度有漏洞；② 管理监控不力；③ 激励措施有失偏颇；④ 代理选择不合适；⑤ 抛售处理品和滞销品。(5 分)

（3）要遏制“窜货”问题，可以采取以下对策：

① 归口管理，权责分明；② 签订不窜货乱价协议；③ 加强销售渠道管理；④ 在包装箱贴上区域标签，实施区域标志专卖；⑤ 建立合理的差价体系；⑥ 加强营销队伍的建设和管理。（5 分）

二、案例分析题（本题 30 分）

本题参考答案及评分标准：

（1）可能导致销量未达预期的原因有多种，包括：高价位可能限制了潜在顾客的购买意愿；市场推广不足使得目标消费者对产品不够了解；竞争对手可能提供了更具吸引力的替代品；产品特性与目标市场的实际需求不匹配。（15 分）

（2）改进措施包括：重新评估定价策略，提供分期付款或折扣优惠以吸引更多消费者；加强市场推广活动，特别是通过社交媒体和口碑营销来提高产品知名度；调查目标市场的需求，调整产品特性以更好地满足消费者期望；通过忠诚度计划和优质的售后服务来增强顾客对品牌的忠诚度；等等。（15 分）